그리스도교 영성신학 순례

그리스도교 영성신학 순례

2019년 8월 27일 초판 1쇄 인쇄
2019년 9월 4일 초판 1쇄 발행

지은이 | 이주엽
펴낸이 | 김영호
펴낸곳 | 도서출판 동연
등 록 | 제1-1383호(1992년 6월 12일)
주 소 | 서울시 마포구 월드컵로 163-3
전 화 | (02) 335-2630
팩 스 | (02) 335-2640
이메일 | yh4321@gmail.com
블로그 | https://blog.naver.com/dong-yeon-press

ISBN 978-89-6447-489-1 03200

이 도서의 국립중앙도서관 출판예정도서목록(CIP)은 서지정보유통지원시스템 홈페이지(http://seoji.nl.go.kr)
와 국가자료종합목록 구축시스템(http://kolis-net.nl.go.kr)에서 이용하실 수 있습니다.
(CIP제어번호 : CIP2019033788)

그리스도교 영성신학 순례

| 이주엽 지음 |

동연

악령과 돼지와 광기의 시대,
어느 때보다 필요한 진실

사람들은 신학을 뜬구름 잡는 공부로 생각한다. 나는 신학이 매우 현실적인 학문이라고 생각한다. 매일 부닥치며 겪는 사람과 일들에 대한 의미를 해석하고 그에 따라 살게 하는 렌즈다. 오늘날 우리는 경제가 삶의 전부인 양 '돈, 돈' 하며 산다. 성공한 삶의 척도도 수입이다. 연봉이 얼마고 얼마나 비싼 집, 비싼 차를 타느냐로 잰다. 성서에 하느님과 재물을 겸하여 섬길 수 없다는 말씀이 있다. 물질로 인생을 가늠하는 관점은 옛날부터 있었던 모양이다. 여하튼 GDP가 어쩌고 하면서 한 개인의 삶의 의미를 물질의 소유로만 판단하는 풍조는 신학의 눈에 거슬린다.

사람이 빵으로만 사는 게 아니라는 성서의 구절은 빵도 필요함을 인정하는 말이다. 먹고 사는 문제를 누가 함부로 무시하겠는가. 그러나 사람은 more가 있어야 한다. 돈으로 필요한 물건은 뭐든 살 수 있겠다. 하지만 인간의 삶이 돈으로 살 수 있는 게 전부는 아니지 않은가. 사랑하고 배려하고 인생의 의미를 찾고 정서를 기르는 일도 필요하다. 무엇보다 더 나은 사람이 되는 일이 중요하다. 삶이 고통스러울수록 더욱 그러하다. 지적으로 성장하는 일도 중요하다. 인류는 늘 배움에 큰 가치를 부여해왔다. 그런데 이 모든 것은 속사람과 관련될 뿐 눈에 보이지는 않는다. 경제지표나 지수로 나타낼 수 있는 게 아니다. 그렇지만 사람이 사람답게 사는 데 몹시 중요한 가치들이다. 지금 세상은 보이지 않는 것도 보이는 것으로 환산할 수 있어야 값을 쳐준다. 학문도 돈벌이로 환치되어야 인정이 된다. 지금 세상은 보이지 않는 것들을 전혀 고려하지 않는 식으로 흘러간다. 성서와 신학의 눈에 그런 현실은 눈에 티가 들어간 것처럼 불편하다.

신학을 현실적인 학문이라고 말하는 까닭은 신학의 사유도 현실과의 접점에서 발생하는 것이기 때문이다. 나는 대학에서 신학, 그중에서도 영성신학을 강의하고 있다. 사람들은 무슨 도 닦는 공부인 줄 안다. 일리가 없는 건 아니지만 지극히 일면적인 판단이다. 1장에서 내가 생각하는 영성이 어떤 것인지 말할 참이다. 미리 좀 말해두자면 영성은 궁극에 관한 것이다. 궁극은 모든 것을 넘어서 있는 것이로되 모든 것과 무관하지 않다. 오히려 모든 것을 그 안에 품는다. 성서는 신을 곧 영이라고 말한다. 신은 궁극의 다른 이름이다. 사람들의 삶이란 영성의 표현이다. 다들 궁극이라 여기는 것에 지극하게 자신을 바치며 살아가기 때문이다. 경제지표로 삶을 평가하며 거기 매진하는 사람은 유물론의 영성을 표현하고 있는 셈이다. 요즘 한국 사회에서 논란을 일으키고 있는 페미니즘도 근본주의 종교 비슷해 보인다. 자기네와 조금만 견해가 달라도 악마 같은 성차별주의자로 매도한다. 그 모습이 일부에 국한된 것이길 바랄 따름이다. 하기는 마르크스주의도 한때 광신종교처럼 되는 모습을 보이기도 했다. 그래서 약속한 해방보다 고통을 안겨주기도 했다. 그러므로 사람들의 삶이 죄다 영성의 표현이라는 말엔 토를 달 필요가 있다. 영성이라고 다 영성이 아닌 것이다. 어떤 것들은 거짓 신들이고 우상이다. 신학의 임무 중 하나는 우상을 폭로하는 일이다. 칼 바르트는 나치즘이 거짓된 우상임을 밝혔다.

영성신학도 이러한 신학의 비판기능을 나눠 갖는다. 도 닦는 공부처럼 인간의 초월의식을 계발케 하는 성격이 영성신학에 물론 있다. 하지만 현실에서 삶으로 표현되는 영성들을 판별하고 우상을 걸러내는 비판신학의 기능도 갖는다. 그러면 우리의 현실은 무엇인가? 파커 팔머는 교실이 진리에 대한 순종을 실천하는 공간이어야 한다고 했다. 물론 현실은 그렇지 않으니까 문제다. 그런데 내가 보기에 이는 교육현장만의 문제가 아니다. 이 시대 자체가 어느 때보다 진실을 가볍게 여기는 시대다.

나는 교회와 현장 목회를 하다 늦은 나이에 대학에서 강의를 하게 되었다. 그런데 대학에는 객관적 진리 같은 건 없고 사회적 구성물로서 자기주장만 있다는 식의 이론이 횡행하고 있음을 목도했다. 그러므로 모든 관점은 지극히 상대적이고 따라서 어느 한 관점이 다른 관점보다 더 낫거나 우월한 것이 아니다. 뭐든지 가치의 우열을 따지고 들어오는 것은 죄다 이데올로기요 억압의 의도를 숨긴 수상쩍은 것이라는 식이다. 켄 윌버가 '무차별적 평등주의'라 이름 붙인 것이 대학의 지성 세계를 장악한 주류 관점으로 보였다. 신학 공부하는 사람들도 예외는 아니었다.

성서는 모든 영을 다 믿지 말고 분별하라는 지혜를 말한다(1요한 4:1). 그러나 대학은 그런 분별 지혜를 다 차별이라고, 평등에 위배된다고 접어버리는 모습이었다. 간혹 교실에서 그런 무차별 평등주의를 얘기하는 학생이 나타나면 물었다. 그럼 나치나 IS 같은 테러집단의 관점에도 다른 관점과 마찬가지로 한 표를 주어야 하느냐고. 놀랍게도 그렇다고 대답하는 학생들이 꽤 있었다. 그것은 도그마를 무조건 신봉하는 광신자의 모습 같았다. 그들에게 이렇게 되물었다. 나치에 의해 가스실에 들어가야 했던 사람들, IS에 의해 산 채로 불태워졌던 사람들의 입장과 고통을 생각해도 그런 생각을 고수할 수 있겠느냐고.

오늘날 인문학의 위기를 많이 말한다. 그 원인을 놓고도 여러 말들이 있다. 너무 어렵게 책을 써서 그렇다는 말도 있다. 사람들 살아가는 현실과 유리되어서 그렇다는 말도 있다. 무엇보다 세상이 다 시장처럼 되어서 인문학의 필요성을 못 느낀다는 말들도 한다. 다 일리가 있다. 그러나 나는 지난 한 세대를 풍미한 인문학의 조류 자체가 그런 결과를 낳았다고 생각한다. "진리가 따로 없고 다 사회적 구성물"이라는 탈근대관점 자체의 문제로 보는 것이다. 진리가 사회적 구성물이라는 말은 진리가 사회적 조작이라는 말로 쉽게 이행된다. 자신들의 이익과 권력투쟁에 도움이 되는대로 만들어낼 수 있는 게 진리라고 말이다. 그러니 뭔가 묵직한 진리가 들어있다고 믿어야 비싼 돈 내고 책을 사서 읽을 텐데 그럴 일이 없다. 그 책에 담긴 관점도 다른 관점보다 더 나을 것도 없는 평등한 것인데 말이다.

인문학 책들이 너무 어렵다거나 삶과 유리되었다거나 사대주의적이라는 비판도 내가 보기엔 이 탈근대 진리 이해와 무관하지 않다.

윌버는 도널드 트럼프가 미국 대통령에 당선된 결과도 충격적이지만 매일 막말을 쏟아내면서 객관적 진실 같은 건 없다는 식으로 주장하는 것에 미국 사회가 큰 충격을 받고 있다고 말한다. 자기네 입장에 동조하는 않는 언론사 뉴스들을 죄다 가짜뉴스로 몰아붙이고 '대안적 사실alternative fact' 같은 기괴한 표현을 내는 걸 보고 거의 모든 대학이 충격을 받아 침묵이 감돌고 있다는 것이다. 자기네가 상아탑에서 순진한 대학생들에게 가르치던 것이 현실에서 진짜로 작동하는 것을 선명히 목도했기 때문이다.

이제 그 누구도 "진실은 없고 오직 사회적 조작만 있을 뿐이다"라고 말하지 않을 것이다. 그 어디에서도 "진실은 없다"라는 개념이 완전히 잘못된 것이라고 주장하는 것 말고는 그런 개념에 관해 일절 말하지도 않고 쓰지도 않고 인터넷에 올리지도 않고 책으로 발간하지도 않고 주위에 소곤대지도 않는다. 그것은 마치 지난 40년에 걸친 열정적인 탈근대적 철학 연구를 모조리 창밖으로 내던져버린 것과도 같다. 데리다, 푸코, 리오타르, 라캉을 비롯한 그들 모두가 사라져버렸다![1]

그러나 윌버가 전하는 미국의 사정과 달리 내가 접한 한국의 대학 사회에서 포스트모더니즘은 여전히 명맥을 유지하고 있다. 여전히 교수와 학생들은 데리다와 푸코, 리오타르, 라캉, 부르디외 등을 '상징 권력'이라 부르며 붙들고 있다. 이들을 다뤄야 지식의 장에 입

---

1 켄 윌버/김훈 역, 『켄 윌버, 진실 없는 진실의 시대』(김영사, 2017), 228.

장할 수 있다는 식이다. 그런데 이들을 통해 전파된 진리에 대한 관점은 너무나 상대적이어서 허구와 다를 바가 없다. 그 바람에 윌버의 말처럼 사실과 허구, 뉴스와 소설, 자료와 몽상 간에 아무 차이가 없고 과학도 시와 다를 게 없게 되었다.[2]

나는 윌버가 포스트모더니즘의 '진리가 따로 없다'는 관점, 그래서 자신이 창조하고 주도하는 게 중요하다는 관점이 니힐리즘과 나르시시즘만 남게 한다는 분석에 동의한다. 내가 대학에서 보고 겪은 현실은 그 분석과 부합한다. 진리가 따로 없으니 내가 주장하고 싶은 대로 하면 된다. 그리고 그 주장은 평등에 힘입어 다른 주장, 다른 관점과 나란히 한 표다. 그러니 누구도 나에게 이래라저래라 하지 마라. 내겐 오직 나만이 권위일 뿐이다! 평등의 고상함이 자기도취에 뒷문을 활짝 열어준 꼴이다. 확립하는 데 오랜 세월이 걸린 관례와 질서, 예의가 평등의 이름 앞에 턱없이 무시당한다. 나 말고 다른 권위는 없는데 인습이 억압적 권위주의로 나를 누른다는 식이다. 그런데 인습을 공격하는 사람들이 인습을 넘어선 도덕성을 발달시킨 사람들인지는 무척 의심스럽다.

심리학자 로렌스 콜버그는 버클리 대학에서 월남전 반대시위가 벌어졌을 때 학생들을 대상으로 도덕성 발달검사를 행했다. 학생들은 기성 사회의 위선과 모순을 공격했다. 그리고 자신들은 모든 인간을 위한 정의와 도덕심에서 그렇게 한다고 주장했다. 인습에 동화되길 거부하면서 후인습 수준의 도덕성을 정당성으로 내세운 것이다. 그런데 검사결과 실제 후인습 수준의 도덕성에 도달해 있는 학생은

---

2 같은 책, 48.

불과 20퍼센트 남짓이었다. 70퍼센트 이상의 대다수는 인습 수준에도 못 미치는 자기중심의 낮은 도덕성 단계에 속했다. 그들이 표방한 도덕성 수준과 실제 도덕성 수준에 큰 격차가 있었던 것이다.

오늘날 한국 사회에서도 양두구육의 현실은 비일비재하다. 심리적으로나 도덕적으로 아직 미숙한 수준이건만 그럴싸한 이념의 옷을 걸치고 권력 장악에 나선다. 대체로 이들은 자신들이 표방하는 이념을 절대 유일신 종교처럼 만든다. 근본주의 종교는 동일한 믿음을 지니지 않으면 영원한 지옥불의 저주를 서슴없이 퍼붓는다. 그런데 이념을 절대 종교처럼 삼는 이들도 자기네와 조금이라도 다르면 서슴없이 악마로 매도한다. 누구도 누구보다 위에 있지 않다는 평등과 개별성의 존중은 다원 사회에 적합한 가치로 보인다. 희한하게도 그 고상해 보이는 주장이 모두가 존중할 진리 같은 건 없다는 니힐리즘과 나는 누구의 말도 듣지 않으련다는 나르시시즘의 온상이 되는 것이다. 성서는 광명의 천사를 가장하는 악마를 분별하라고 말한다(2고린 11:14). 고상하고 우아한 이념이 저열한 자기도취의 가면이 되는 현실은 신학적 분별의 대상이다.

도스토예프스키는 소설 〈악령〉에서 무신론 혁명의 광기와 허무주의가 휩쓴 당대 러시아를 복음서에서 광란하며 비탈을 내리 달려 몰살하는 돼지떼의 이미지로 포착한다. 악령과 돼지와 광기. 물신이 지배하고 진리가 따로 없다는 이 시대, 짐승 같은 저열한 욕망과 사람 잡는 광기가 난무하는 오늘의 현실도 크게 다르지 않은 것 같다. 진실 부재의 허무가 악령처럼 감돌고 텅 빈 쾌락으로 그걸 메우려 드는 걸까, 모두 짐승처럼 관능을 탐닉한다. 대한민국이 몰카 왕국이라고 한다. 사실 현대인이 그토록 섹스를 향해 달려가는 건 그게 신의 대체물인 탓일 게다. 융의 말처럼 신을 죽인 대가로 얻은 증상 중 하나다. 그래도 씁쓸하다. 우리가 돼지떼 이상이어야 하는 것 아닌가? 우리는 사랑의 섹스를 할 줄 모른다.

에덴의 원죄는 스스로 신이 되고 싶었던 것이다. 자기중심성을 절대화하는 것이다. 오늘날 자신이 선호하는 이념을 절대 종교로 삼는 모습이 거기 해당할 것이다. 인류의 역사를 보아도 이념은 이성보다 광기와 더 친한 것 같다. 나치의 아리안 우월주의는 6백만의 유대인을 학살했고, 스탈린의 대숙청은 공식기록으론 68만 명이나 추정키로는 2백만 이상을 죽인 걸로 알려진다. 중국의 문화혁명은 부모까지도 포함해서 구시대에 속한 모든 것을 청산한다는 구호 아래 천만 명 넘는 사람들이 희생되었다고 한다. 우리나라는 요즘 남녀 혐오 문화가 극단으로 치닫는다고들 한다. 여성들의 집회에서 듣기 뜨악할 정도의 광기 어린 구호들이 등장한다는 소식도 들린다. 디오니소스 신화에서 무녀들의 무리가 달밤이면 광란하며 의식을 행하다가 지나가는 남자들을 갈가리 찢어 죽였다는 내용이 떠오를 지경이다. 일부가 그러는 것일 뿐 집회에서는 이를 말린다는 얘기가 그나마 위안이다.

이 혼돈하고 공허하며 깊은 흑암의 현실에 신학은 빛을 밝히는 밝힘의 언어, 하늘과 땅을 나누고 빛과 어둠을 나누고 물과 뭍을 나누는 분별의 지혜가 될 수 있을까? 2004년 미국 민주당의 상원의원 존 케리는 자서전에 쓴 월남전 무용담 때문에 곤혹을 치른다. 베트콩이 우글거리는 메콩강에서 고속정을 타고 들어가 전투를 벌였고, 전우를 구해준 공으로 무공훈장을 받았다는 일화였다. 선거에서 이 무용담이 전면에 등장하자 반대편인 공화당에서 이를 흠집 내기 위한 흑색선전을 벌인 것이다. '진실을 위한 고속정 참전용사들'이라는 괴단체를 내세워 케리의 영웅담은 날조된 것이라는 주장을 퍼뜨린 것이다. 뉴욕타임스 기자들이 팩트체크를 해보니 역으로 그 단체의 주장이 날조된 것이었고 해군기록과도 모순된다는 점을 발견했다. 그러나 조사과정에만 몇 주가 걸렸고 그 사이 그들의 가짜 주장은 인터넷과 유권자들에 충분히 퍼질 수 있었던 것이다.[3]

온라인에서 거짓말은 진실보다 빠르게 퍼지고 가짜뉴스를 퍼뜨리는 일은 진실을 파헤치는 일보다 훨씬 쉽고 비용도 적게 든다. 지금 한국 사회에서 그런 일들이 심심찮게 벌어지고 있다. 어쩌면 우리가 알고 있는 것보다 더 광범위하게 벌어지고 있는지도 모른다. 매일 TV나 미디어를 통해 접하는 사건들 이면의 진실이 무엇인지 쉽게 알기 어렵다. 구글이나 네이버 같은 포털 사이트에서도 정보를 검색하면 인기가 많은 순으로 보여준다. 팩트가 아니라 인기를 바탕으로 하는 것이다. 그러므로 온라인으로 접하는 정보는 단순히 많은 사람이 그 정보를 보았다는 것만 말해줄 뿐 아직 사실관계가 확인이 안된 것일 수 있다. 어쩌면 많은 사람의 오해와 편견일 수 있는 것이다.

트럼프는 대통령에 당선되자마자 뉴욕타임스를 폄하하는 트윗을 올렸다. 자신에 대해 수준 낮은 보도를 하는 바람에 매일 수천 명의 구독자들이 떨어져 나가고 있다는 것이다. 하지만 당시 뉴욕타임스는 거꾸로 평소보다 4배나 많게 구독자가 늘어났다. 뉴욕타임스 내부에서 회의가 열렸다. 이들은 불필요하게 적대적으로 대할 필요

---

3 출처: 허핑턴포스트 블로그 게시물, "군대 자랑, 유력 야당 후보의 발목을 잡다!", url: http://www.huffingtonpost.kr/bawerk/story_b_15504456.html?utm_id=naver

없다, 다만 단순하고 공격적이지 않게 진실을 말한다는 방침을 세웠다. 팩트는 스스로 말한다는 원칙을 상기하면서 말이다. 그리고 빠듯한 예산에도 불구하고 2백만 달러 이상의 돈을 들여 "진실은 어렵다"(Truth is Hard)라는 광고를 냈다. "진실은 찾기 어렵다. 진실은 알기 어렵다. 그러나 진실은 그 어느 때보다 지금 중요하다."[4]

나는 이 뉴욕타임스의 광고가 현실을 바라보는 내 심정을 그대로 대변한다고 느꼈다. 주위에서 목도하거나 미디어를 통해 접하는 한국 사회의 현실도 그 광고라인 한 줄에 함축되었다. 과연 진실은 어렵다. 정말 가 닿기 어렵다. 그럼에도 진실에 다가가려는 노력을 포기해서는 안 된다. 진실이 따로 없고 너의 자주성을 북돋기 위해 구성, 조작한 게 너의 진실이라는 식의 관점은 정말 문제다. 사회에 거짓말이 암처럼 번져도 아무런 자정작용을 할 수 없게 만든다. 사실에 입각하려는 팩트체크 말고 다른 답이 있을 수 없다. 물론 팩트체크가 쉬운 일은 아니다. 그걸 하는 동안 유포된 거짓말을 통해 소기의 성과를 달성하는 세력들도 있을 것이다. 때론 성급한 이념의 적용이 진실을 가리기도 한다. 그런 제약에도 불구하고 진실을 찾고 구해야 한다. 성서는 "진리가 너희를 자유케 하리라"(the truth will set you free)라고 말한다(요한 8:32). 과연 지금은 진실이 어느 때보다 중요한 시대로 보인다.

---

4 http://factcheck.snu.ac.kr/documents/120에 실린 짐 루텐버그의 "가짜뉴스가 뉴욕타임즈에 불러온 변화"라는 제목의 글을 참조하였다. 원문 링크: https://wilsonquarterly.com/quarterly/the-disinformation-age/how-fake-news-changed-the-new-york-times-and-didnt/

차 례

제1부

〈길〉

그리스도교와
수행적 영성

1 장
영성이란 무엇인가
: 궁극이자 전체성

신학과 인간의 공통된 경험

영성은 미끌미끌한 단어다. 뜻이 쉽게 잡히지 않는다. 박을 얘기하면서 한 사람은 수박을 생각하고 다른 사람은 호박을 생각하는 것처럼 중구난방이다. 그래서 일관되고 체계적인 개념을 통해 사고하기 원하는 사람들은 이 단어 사용을 기피하기도 한다. 신학에서도 조직신학이나 교의신학처럼 이성적 체계화를 중시하는 분야는 영성신학을 좀 어수선하게 생각하는 경향이 있다. 자명한 전제에서 논리적 결론을 도출하는 게 아니고 무척 임의적이고 자의적으로 작업을 한다고 느끼는 모양이다.

사이먼 찬은 이성적 체계화에 관심을 두는 조직신학과 달리 영성신학은 이성적 체계화 배후의 경험에 관심을 두는 것이라고 둘을 구별한다.[1] 삼위일체를 예로 들면, 조직신학은 삼위일체를 이성적으로 진술하는 문제에 관심을 둔다면 영성신학은 애당초 어떤 경험을 통해 삼위일체를 말하게 되었는가에 관심을 두는 것이다. 이렇듯 영성은 경험과 상관이 있다. 영성신학이든 영성학이든 학인 바에야 논리를 사용하지 않을 수 없다. 그러나 그럴 때에도 늘 염두에 두는 것은 어떤 구체적 경험이다.

그런데 '경험'도 은근 정의하기가 어렵다. 다들 알고 쓰는 말 같아도 이 또한 다의적이다. 이 책이 경험이라고 할 때 다음과 같은 생각이 들어있다. 신학과 경험의 관계부터 얘기하자면, 나는 인간의 공통된 경험이 먼저고 그 다음이 특정 종교의 언설로서 그리스도교 신학이 있다고 생각한다. 교회 다니는 사람들은 그리스도교가 먼저 있고 특정 경험이 거기서 나온다고 생각한다. 예컨대 방언 같은 경험을 들 수 있겠다. 그리스도교 신앙을 먼저 가진 다음에야 그 신앙에서 말하는 성령이 방언과 같은 특별한 경험을 일으킨다고 생각하는 것이다. 여기엔 그리스도교 신앙이 없으면 방언과 같은 경험이 불가능하다는 전제가 들어있다. 소위 '특수성의 걸림돌'[2]과 같은 문제가 거기서 발생한다. 그리스도교의 특수성이 강조되는 것이다.

그러나 나는 이를 뒤집어 생각한다. 의외로 방언과 같은 현상은 그리스도교 울타리에 국한되어 일어나는 게 아니다. 비슷한 현상이

---

1 사이몬 찬/김병오 역, 『영성신학』(IVP, 2002), 23.
2 '특수성의 걸림돌the scandal of particularity'이란 예수 그리스도를 통해서만 신에게 이를 수 있다는 주장을 말한다. 이 관점에서 보면 그리스도교는 다른 종교들과 근본적으로 다른 특수성을 갖는다.

훨씬 광범위하게 일어난다. '인간의 공통된 경험'에 포함시킬 수 있는 경험이다. 다만 그 경험을 그리스도교의 언어와 상징으로 해석한 것이 방언이다. 우리가 '종교경험'이라 할 때 특정 종교의 관점에서 해석된 경험을 말하는 걸로 정의할 수 있다. 그러나 그 경험 자체는 그 종교에 국한되지 않는다. 다만 그 종교를 해석 틀로 해서 삼았을 뿐이다. 이렇게 보면 그리스도교라는 특정 종교의 언설로서 신학도 인간의 보다 공통된 경험에서 자료를 얻는 것이 된다.

물론 특정 종교의 관점에서 해석된 경험은 그 종교 내부에서만 순환되는 경향이 있다. 여간해서 외부와 소통되는 언어가 되지 않는다. 이와는 달리 여러 종교에 보편적으로 적용할 수 있는 개념과 범주로 얘기하는 방식이 있다. 루돌프 오토의 '누미노제' 같은 개념이 그 예다. 누미노제란 '두려움과 매혹의 신비Mysterium tremendum et fascinans'로 정의된다. 인간이 무언가 성스러운 신비를 접해 두려워하면서도 거기 매혹되고 이끌리는 경험을 말한다. 오토는 이 누미노제 경험이 여러 종교를 탄생시킨 원동력이라고 말한다. 모세도 불타는 떨기나무 앞에서 두려움에 떨면서도 매혹되어 그 자리를 도망치지는 않는 경험을 통해 신을 만난다. 모세의 누미노제 경험으로 유다교가 탄생했다고 볼 수 있다.

이렇게 특정 종교에 국한되지 않고 여러 종교에 공통된 경험을 이를 때는 보통 '영적 경험'이라고 말한다. 무언가 영성을 경험했다는 뜻으로 말이다. 따라서 영성이라고 말할 때는 여러 종교에 공통된 경험을 일컫는 언어 용법이 성립된다. 실제로 영성이란 말은 종교학자들이 먼저 유행시킨 말이다. 종교학자들은 여러 종교를 객관적으로 연구하는 사람들이다. 그런데 그들이 종교의 객관적이고 외적인 측면보다는 주관적이고 내적인 경험 측면을 다루기 위해 영성이란 말을 쓰기 시작했다. 물론 영성이란 용어는 그리스도교에서 빌린 말이긴 하다. 하지만 외부에서 먼저 널리 쓰이는 바람에 그리스도교에 돌아와 전보다 더 쓰임새가 커진 말이다.[3] 마치 피자가 이탈리아를 원조로 하지만 세계적인 음식이 된 것과 같은 형국이다. 이젠 이탈리아에서조차도 세계화된 피자를 더 선호한다고 한다. 여하튼 이 배경 역사에서 보자면, 영성은 일차적으로 종교의 외적인 요소와 구별되는 내적 경험을 가리키기 위해 차용된 말이다.

그런데 누미노제와 신비 경험은 좀 구별된다. 누미노제는 기본적으로 타자성의 경험이다. 그래서 그 앞에서 놀라고 두려워하면서 외경심을 품게 되는 것이다. 반면 신비체험이라고 할 때는 자기정체감이 전보다 훨씬 크게 확장되는 자기동일성 경험을 말한다. 신, 자연, 온 우주와 하나가 되는 것이기 때문이다. 이때 나는 이전의 개체성에 동일시되지 않고 그 경계를 훨씬 뛰어넘은 대상과 동일시된다. 붓다가 천상천하유아독존天上天下唯我獨尊이라 했을 때 온 우주에 나밖에 없다, 나로 꽉 찼다는 의식을 말한 것이다. 온 우주와 하나가 된 신비의식을 경험한 것이라 할 수 있다.

누미노제든 신비경험이든 흔히 영적 경험이라는 범주 안에 포함시킨다. 그런데 이것들은 비범하다. 얼른 생각해도 흔치 않을 경험이다. 오죽하면 그런 경험 이후에 종교가 탄생할까. 경험의 의미를

---

3 그러므로 '영성신학Spiritual Theology'은 그러한 주관 내면적 경험에 대한 그리스도교 신학의 성찰이라 할 수 있고 '그리스도교 영성Christian Spirituality'이라고 할 때 인간의 공통된 경험으로서의 영적 경험에 대한 그리스도교적 성찰이라는 구별이 가능해진다. 실제로 아마존에서 책을 고르면 Spiritual Theology보다 Christian Spirituality로 검색되는 도서가 훨씬 많다. 인간 공통경험으로서 영성의 하위항목 중 하나로 그리스도교 영성이 다뤄지는 모양새인 것이다.

이렇듯 비범한 경험에만 국한시키면 무척 좁아진다. 그런데 거의 모든 종교와 영적 전통들은 비범한 경험 이후 거기 머물지 않고 일상으로 돌아감을 말한다. 십우도는 깨달음 이후에 다시 저잣거리로 나가는 그림이 최종이다. 궁극과 자신이 하나라고 밝힌 그리스도는 사람들과 어울려 속세에서 함께 울고 웃는다. 선승이 "산은 산이요 물은 물이다"라고 할 때 누구나 할 수 있을, 뻔한 말이지만 의식의 크기와 깊이는 아주 다르다. 0도와 360도는 같지만 다르듯이 말이다. 비범한 경험은 일상의 경험을 포섭한다. 평범한 일상의 비범한 깊이를 각성함으로써 말이다.

일상경험의 깊이를 여는 비일상경험

이리하여 영적 경험, 영성의 비범한 경험은 일상의 평범한 경험으로 이어진다. 도마복음에서 예수는 이런 말씀을 하신다. "만유가 나로부터 나왔고 또 만유가 나에게 이르노라. 통나무를 쪼개라. 그러면 내가 거기 있다. 돌을 들라. 그러면 거기서 나를 찾으리라."[4] 그리스도교의 신비가들은 하느님 안에서 모든 것을 보고 모든 것 안에서 하느님을 보라고 말한다. 이제 인간의 공통된 경험, 일상에서 보고 겪는 모든 일이 신의 얼굴이요, 영의 바람이 된다. 간혹 경험하는 비범한 체험은 일상을 깨어있는 의식으로 대하도록 변증법적으로

---

4 오강남, 『또 다른 예수』(예담, 2009), 326. 이렇듯 신성 곧 영성은 만물 안에 편재해 있다.

작용한다.

아니 그러면 모든 경험이 영성적이란 말인가? 원칙적으로 그렇다. 산 위의 경험은 산 아래의 경험과 구별되나 구분되는 것이 아니다. 이제 산 아래는 새로운 의미를 띠고 산 위와 하나가 된다. 이제 영성을 찾는 사람들은 인간과 일상을 우회하려 들면 안 된다. 내가 각성이 부족해서 일시적으로 일상을 등질 수는 있다. 일상에 매몰되어 눈뜬장님처럼 된 의식을 건져내기 위해서다. 깨어있는 힘이 부족해서 피정도 가고 기도원도 가는 것이다. 일상의 다람쥐 쳇바퀴 돌듯하는 의식, 그래서 일상의 평면적 차원만 겉도는 의식을 건져내기 위해 침묵도 하고 금식도 하는 것이다.

영성이란 영의 성질이란 말이다. 그런데 일상경험의 무엇을 영성적이라 할까? 신에 대한 성서의 정의는 크게 두 가지다. 신은 영이고 사랑이다(요한 4:24; 1요한 4:8). 그러므로 신과 영과 사랑이란 말은 호환이 가능하다. 영성이란 곧 신성이고 사랑인 것이다. 사랑을 정감적인 걸로 이해하지만 의식의 크기다. 의식은 자기 안에 들어와 있는 것만 배려하고 사랑할 수 있다. 따라서 의식의 크기가 사랑의 크기다. 하느님은 악인과 선인에게 골고루 햇빛과 비를 내리신다(마태 5:45). 그래서 하느님을 무조건적 사랑unconditional love이라고 한다. 그러므로 영성이란 의식이다. 앞으로 영성 연구는 의식 연구가 될 것이다. 영성과 도덕성의 상관관계를 놓고 다른 말들이 있지만 이 둘은 나란히 간다. 영성이 깊어진다는 것은 수용, 공감, 배려의 의식이 확장된다는 것을 의미하기 때문이다. 나만 챙기던 의식이 우리를 챙기고 나아가 모든 살아있는 것들을 연민하고 배려하는 도덕성 발달은 모든 종교와 영적 전통들이 하나같이 말하는 바이다.

고든 카우프만은 신학을 인간과 세상, 우주에 대한 해석으로 본다. 신학의 출발점을 성서나 계시에 두면 그 전달 경로를 독과점한 교회 중심이 되는 게 당연하다. 교회는 자신이 소유한 계시의 특수성 및 절대성을 강조하면서 군림하는 종교집단이 되곤 한다. 그런데 카우프만처럼 생각하면 얘기는 뒤집어진다. 성서든 계시든 인간의 경험에서 자료를 얻는 게 된다.[5] 계시를 그리스도교에만 있는 걸로 믿으면 그리스도교의 특수성을 저버릴 수 없다. 그리고 진리는 그리스도교만 독점한 것이 된다. "교회밖에는 구원이 없다"는 발언은 지금도 계속되고 있다. 그러나 전 세계적으로 지금 교회는 상당히 빠른 속도로 쇠퇴하고 있다.

몇 걸음 뒤로 물러서 바라보면 종교뿐만 아니라 종교를 따로 갖지 않은 사람들도 인간과 세상, 우주에 대해 놀랍도록 공통된 얘기를 한다. 황금률은 문자 그대로 그 모든 가르침의 핵심이다. 남에게 대접을 받고 싶은 대로 남을 대접하라, 남이 네게 해서 싫을 일은 너도 남에게 하지 말라. 이웃을 자신처럼 사랑하라는 가르침, 고아와 과부, 나그네를 돌보라는 가르침이 그 안에 다 들어있다. 마커스 보그가 한 말처럼 사랑의 사회적 표현이 정의다. 종교를 갖지 않은 사람들도 인간사회가 서로 지배와 복종을 강요하지 않고 평등하고 호혜적인 관계를 맺어야 한다는 것을 안다. 특별한 이념을 주입받지 않아

---

5 카우프만은 이렇게 말한다. "교회와 성서의 언어는 속해있는 사회와 문화의 일상 언어이다. 바로 이 일상 언어와 그 일상적 용법과 더불어 사실상 신학이 출발하는 것이지, 하나님으로부터 '계시되었기' 때문에 권위 있는 것으로 주장되는 특별한 혹은 전문적인 의미들과 더불어 시작하는 것이 아니다." 고든 카우프만/기독교통합학문연구소 역, 『신학 방법론』 (한들, 1999), 38-39.

도 마음에 새겨진 율법이 본래 있는 것처럼 안다. 양심이 있기 때문이다. 학자들은 사소한 차이에도 정색을 하지만 나는 그 무시할 수 없는 공통성에 더 눈길이 간다.

그리스도교 영성 전통이 전하는 삶의 지혜

그러면 그리스도교의 특수성은 어찌 되는가? 그리스도교 고유의 언어와 상징들이 있지 않은가? 신학이든 영성 담론이든 그리스도교 내부자들만의 게토 언어로서만 의미를 갖는가? 아니다. 이제 신학은 인간의 공통된 삶과 경험을 해석해주는 상징체계가 된다. 보통 지식이라고 하면 명료하게 밝혀 논리적으로 전달할 수 있는 것을 말한다. 그런데 인간의 삶은 언어와 논리로 가둘 수 없는 면이 있다. 흔히 증거에 입각한 사실의 객관성을 중시하지만 삶을 엄밀함만으로 꾸려갈 수 없다. 무신론자이자 사회주의자인 테리 이글턴은 종교를 과학적 증거가 없는 협잡으로 몰아붙이는 도킨스나 히친스를 묶어 '디치킨스'("그 애송이들," "뭘 모르는 인간들" 같은 어감)라고 비꼰다. 도무지 인간의 고통을 이해하지 못하는 모양이라는 것이다. 그들이 아는 고통이란 자기가 볼 때 고작 맛없는 옥스퍼드 교수식당에서 식사를 해야 하는 정도인 모양이라고 말이다. 인간의 삶은 과학의 증거로만 구성되는 것이 아니라 고통과 혼란이 극심한 중에도 희망을 갖고 헌신하는 일이 있어야 한다. 이글턴은 자신이 선호하는 사회주의도 현재 잃을 게 거의 없는 사람들이 미래에 이루어지길 희망하며 헌신하는 노력이라는 식으로 말한다.[6]

과학이 객관적 증거에서 멈추고 철학이 답을 내리지 않고 멈추는 지점에서 신학은 더 나아간다. 인간의 삶과 경험, 사랑이 의미가 없을 리 없다고 믿고, 고통을 외면하지 않으면서 희망의 언어로 채워주고, 사랑이 증진되는 방향을 선택케 해주는 것이다. 종교는 합리적 이성에 못 미치는 불합리와 편견, 미신인 게 아니다. 현실에 그런 종교가 없다는 말이 아니다. 원래 종교는 이성적 사유와 언설이 가 닿을 수 없는 것에 역설의 언어와 상징을 제공한다. 그리스도교의 십자가, 부활, 삼위일체는 역설을 포착하는 상징이다. 인간의 삶은 그런 것을 필요로 하지 않는가.

그러므로 그리스도교 특유의 언어와 색깔, 상징은 자기정체성에 관한 것이 된다. 타자에게 자기동일성을 강요하는 폭력과 억압으로서가 아니다. 우리는 이래, 하는 정체성 표현이 되는 것이다. 이렇게 되면 교회도, 교회가 전하는 성서도, 성서 안에 들어있다고 하는 계시도 지배와 복종이 아니라 자기표현과 향유가 된다. 그리고 인간의 삶, 그 공통된 경험의 의미를 가리키는 그리스도교 고유의 표지가 되는 것이다. 현대 사회를 의미가 줄곧 위협받는 사회라는 식으로 말한다. 무의미의 위협 앞에 아슬아슬한 게 현대인의 삶이라는 것이다. 이 위협 앞에서 삶의 의미를 찾는 비신자, 비종교인들과도 함께 대화할 수 있는 게 그리스도교 신학이라고 생각한다.

보통 신학을 뜬구름 잡는 소리로 생각한다. 인간사회에 의미 있는 지식을 산출하는 분야가 아니라고도 여긴다. 취업을 고민하는 요즘 대학생들이 볼 때 신학은 취업과 아무 상관이 없어 보인다. 신학

---

6 테리 이글턴/강주헌 역, 『신을 옹호하다』 (모멘토, 2009), 55-56, 70.

자나 성직자가 되려는 사람들만 하는 공부로 안다. 하지만 신학은 생각보다 훨씬 현실적인 학문이다. 신학은 '신에 관한 말'이란 뜻이다. 그러니 그리스도교의 신을 믿는 사람들에게나 소용이 있을 언설로들 생각한다. 신을 중심으로 사유하는 것은 중세로 끝나지 않았냐고도 반문한다. 하지만 신은 궁극에 관한 말이다. 누구나 궁극으로 삼는 것이 있다. 현대인들은 돈 중독, 권력중독이라고 말할 때 돈 내지 권력을 궁극으로 삼고 살아간다는 말이다. 폴 틸리히는 종교를 '궁극적 관심에 사로잡힌 상태'라고 했다. 그러므로 중독도 일종의 종교적 상태다. 틸리히가 지금 같으면 종교란 말 대신 영성을 썼을지도 모르겠다. 무엇에 사로잡힌 상태란 제도나 교리 같은 외적 요소가 아니라 내적 경험이기 때문이다.

누구라도 자신이 궁극이라 여기는 것을 중심으로 인간과 세상을 해석하며 산다. 그러므로 다들 나름의 신학이 있는 셈이다. 바르트가 신학의 임무를 교회의 선포를 비판하고 교정하는 역할로 규정했다. 이 정의는 교회에 국한되지 않고 사회일반으로 확장될 수 있다. 신학은 현실의 온갖 신학이라는 이름을 달지 않은 신학들을 비판하고 교정하는 역할을 가질 수 있다. 비록 그리스도교 전통의 언어로 옷 입고 있지만 애초에 인간 경험을 통해 얻은 통찰과 지혜가 그 안에 들어있기 때문이다. 이 책에 소개된 그리스도교 영성의 여러 갈래들은 저마다 오래되었지만 새로운 말을 우리 현실에 들려준다. 이를 통해 신학이 현실과 대화하는 학문, 현실의 거짓 우상들을 타파하는 지혜임을 음미해볼 것이다.

2 장
초대교회 영성 I
: 보이지 않는 세계의 중요성

초대교회의 구분: 응집력

그리스도교 영성은 하나의 큰 강이다. 여러 지류와 갈래들이 모여 이룬 강이다. 이 큰 강의 흐름을 살피고자 할 때 그 시작점부터 보아야 한다. 초대교회는 그리스도교 영성의 시작점이다. 이후의 흐름에서도 무언가 본질을 잃었다거나 변질되었다고 여길 때는 어김없이 '초대교회로 돌아가자'는 식의 구호가 나온다. 시작점인 초대교회에 원형 내지 본질에 가까운 무엇이 있다고 보는 것이다. 16세기 종교개혁이 그 예이다. 르네상스가 고대로 돌아가자고 했듯 종교개혁도 그리스도교의 고대, 즉 초대교회로 돌아가자고 했다. 물이 흐려졌으니 원래 청정함을 되찾자는 말이기도 하다.

그런데 그리스도교 역사에서 초대교회는 언제까지일까? 다양한 구분법들이 존재하지만 크게 두 가지 방식으로 본다. 하나는 서양 역사에서 고대와 중세, 근대를 구분하는 방식을 따르는 것이다. 이때 고대란 로마제국 멸망까지를 말한다. 물론 이때의 로마제국이란 476년에 멸망한 서로마를 말하는 것이다(동로마, 즉 비잔틴제국은 1453년까지 존속했다). 다른 하나는 동·서 교회의 분열을 분기점으로 보는 것이다. 물론 동방교회와 서방교회가 공식적으로 분열한 것은 1054년의 일이다. 하지만 일찌감치 분열의 조짐은 있었다. 소위 '필리오케' 논쟁을 둘러싸고서 말이다. 서방교회가 589년 니케아신경에 동방교회에는 없는 '필리오케'('성자로부터'라는 뜻)라는 문구를 첨가하면서 벌어진 사태다.

그리스도교의 입장에서는 두 번째 구분법이 더 말이 된다고 느낄 수 있다. 초대교회는 그리스도교 역사상 가장 응집력이 강했던 시기다. 교회가 분열된 적이 없는, 하나로 존재했던 시기라는 말이다. 초대교회 이후 그리스도교는 늘 분열되어 있고 하나의 교회로 존재하지 못한다. 그런 점에서는 서방교회가 톨레도회의에서 멋대로 '필리오케'라는 문구를 삽입해서 동·서 교회 분열의 빌미를 제공한 시점까지를 초대교회로 보는 것이 맞겠다.

도대체 서방교회는 왜 굳이 필리오케를 집어넣어 시빗거리를 만든 걸까? 나름의 이유가 없지 않았다. 589년 톨레도회의가 열릴 때 그때까지 스페인에 잔존했던 아리우스주의를 확실히 물리치기 위해서 그랬다. 아리우스주의는 그리스도를 지음 받은 존재, 따라서 성부보다 못한 존재로 위치시킴으로써 삼위일체를 부정했다. 니케아공의회(325년)는 바로 이 아리우스주의를 잘못된 그리스도 이해로 결론 내린 회의였다. 따라서 톨레도회의에 모인 사람들은 자신들이 니케아의 정신에 반하는 것이 아니라 보다 강화하는 것으로 생각했을 것이다.

하지만 필리오케를 둘러싸고 벌어진 동·서 교회의 분열이 순전히 교리적이고 교회 내적인 사태였다고만 볼 수는 없다. 동·서로마의 분열이 발생한 것은 395년의 일이다. 로마황제 데오도시우스 1세가 아들들에게 로마를 분할 통치케 하면서 벌어진 일이다. 이러한 정치적 분열에 문화적 차이까지 복잡하게 얽힌 배경에서 필리오케를 둘러싼 교회분열의 상황을 이해해야 한다. 더구나 정교분리의 현대 감각과 달리 고대와 중세에 교회와 정치는 공적인 영역에서 훨씬 하나로 뒤엉켜 있었다. 따라서 동·서 교회의 분열이 순전히 교리만의 이유로 발생했다고 보긴 어렵다.

여하튼 초대교회의 응집력에서 봐야 할 교훈은 이런 것이다. 아직 분열을 경험하지 않은 하나의 교회였다고 해서 초대교회가 획일화된 성격의 교회는 아니었다. 오히려 초대교회를 연구하면 연구할수록 놀라우리만치 다양하고 제각기였다는 점이 드러난다. 심지어 "예수는 그리스도이시다"라는 한 가지를 빼고는 하나도 같은 게 없었다고 할 정도로 다양하다는 것이다. 역으로 보면 그렇게 다양한데도 원심력으로 흩어지지 않고 하나의 그리스도교회로서 자의식을 지녔다는 점이 놀랍다. 초대교회의 응집력이란 그야말로 다양성 속의 일치였다. 서로 이질적이고 타자적인 교회들이 예수는 주님이시라는 하나를 붙들고 일치해 있었다. 그러므로 교리든 제도나 예배 스타일이든 하나의 동질성을 획일적으로 부과해서 통일을 이루겠다는 식의 교회일치란 초대교회에서조차도 존재해본 적이 없다고 봐야 한다. 이것은 장차 인간사회가 어떤 식의 일치와 협력을 이루어야 하는지 시금석으로 삼을 만하다.

보이지 않는 세계의 중요성

고대인들은 눈에 보이는 세계가 전부가 아니라고 생각했다. 오히려 보이지 않는 세계가 어떤 식으로든 보이는 세계보다 더 중요하고 의미가 있다고 생각했다. 보이지 않는 세계의 우선성은 초대교회가 당시 사람들과 공유하는 감각이었다.[1] 보이지 않는 영의 세계가 현실 세계와 겹쳐있고 현실의 흐름을 좌지우지한다는 세계관은 고대인들의 특징이지 그리스도교 세계만의 특징은 아니라는 말이다. 그럼에도 초대교회를 이해하는 데 이 보이지 않는 영의 세계는 몹시 중요하다. 특히 현대처럼 물리적 증거가 없는 세계는 실재가 아닌 허구라고 생각하는 감각과 비교하면 그 차이가 확연하다.

초대교회 영성을 이해하는 데 중요한 한 인물로 안토니우스(251년 출생)다. "네가 완전한 사람이 되려거든 가서 너의 재산을 팔아 가난한 이들에게 주고 너는 나를 따르라"(마태 19:21)는 복음서 말씀대로 자기 재산을 나눠주고 이집트 사막으로 가서 은둔 수도 생활을 한 인물이다. 안토니우스는 그리스도교 수도 생활의 창시자로 간주된다. 그런데 그의 은둔 수도 생활이란 늘 악령들에게 고통을 당하면

---

1 Boniface Ramsey, O.P., "The Spirituality of the Early Church: Patristic Sources," in *Spiritual Traditions for the Contemporary Church* (Abingdon Press, 1990), 26-27.

서 씨름하다가 기도의 힘으로 이겨내는 숨 가쁜 생활로 그려진다. 그가 외적으로 무엇을 했느냐보다 이 보이지 않는 영의 세계가 중요하다. 그 차원에서 분투하고 씨름한 것이 성 안토니우스 수도 생활의 핵심인 것이다. 현대인들도 무의미해 보이는 현실을 감내하기 위해 번민할 때 안토니우스처럼 온갖 보이지 않는 힘들과 씨름한다.

이렇듯 보이지 않는 영들의 세계가 현실 세계와 중첩되어 있고 부단히 영향력을 발휘한다는 세계관은 현대인에게 낯설다. 전근대적인 미신처럼 들린다. 물론 지금도 그런 식의 신앙을 강조하는 교회들이 없지 않다. 일이 조금만 틀어져도 악신의 저주라는 식이고 깨어 기도하면서 사탄마귀를 물리치는 영적 전쟁을 감행해야 한다고 주장한다. 심지어 감기도 악한 귀신 탓이라고 한다. 그러나 과학적 증거로 뒷받침되지 않는 주장을 미신, 편견, 불합리성으로 여기는 현대인의 관점에서는 냉소와 조롱의 대상일 뿐이다.

보이지 않는 세계의 현실 영향력을 고려하는 고대인들의 사고방식은 신화로 표현된다. 예컨대 이성을 향해 로맨틱 러브의 열정을 느끼게 될 때 에로스의 화살에 맞았다고 말하는 식이다. 예기치 않은 순간에 들이닥쳐 내 정신을 앗아가는 경험. 고대인들은 이런 경험을 신들의 작용으로 말한다. 어디서 날아온 것인지 알 수 없는 신의 화살을 맞은 경험으로 말이다. 물론 현대인이라고 그렇게 정신을 낚아채는 경험, 자아가 압도당하는 경험을 안 하지는 않는다. 그러나 그 것을 신 혹은 영의 작용이라는 식으로 말하지 않을 뿐이다.

한 가지 예를 더 들어보자. 오디세우스가 전쟁을 하러 멀리 가 있는 동안 그의 아내 페넬로페 역시 어려운 시간을 보낸다. 그녀를 차지하고 오디세우스의 자리를 차지하려는 유혹자들에 둘러싸여 곤욕을 치러야 했던 것이다. 오디세우스와 페넬로페의 아들 텔레마코스는 이 유혹자들에게 처리해야 할 눈엣가시다. 위협을 느껴 피신해 있던 텔레마코스는 어느 날 밤 심한 불안에 잠이 깬다. 여신 아테네가 나타나 어머니 페넬로페에게로 가라고 일러주었다는 것이 신화의 설명이다. 현대인 같으면 그냥 어머니 걱정에 불안해진 나머지 집으로 달려가지 않으면 안 되었다는 식의 심리적 해석을 내렸을 것이다. 하지만 고대인의 사고방식에서 이 자아가 흔들리는 경험은 신의 작용이다. 그래서 나도 모르게, 어쩔 수 없이, 별 수 없이 행동하는 것은 신들의 힘인 것이다.

집으로 향하던 텔레마코스는 문득 늑대가 달려오는 것을 보고 놀란다. 그런데 늑대는 돌연 충견 아르고스로 변신하더니 텔레마코스의 품에 안긴다. 이러한 신화적 서술은 사실 텔레마코스의 주관적 의식경험을 반영한다. 처음에 텔레마코스는 자신에게 달려오는 개를 늑대로 착각했다. 그러나 자세히 보니 집에서 기르던 충견이었던 것이다. 늑대가 개로 변신하더라는 서술은 사실 주관적 의식의 변화를 서술한 것이다. 이렇듯 고대세계가 신화의 패러다임으로 서술한 세계란 현대인의 관점에서는 심리 내면의 세계이다. 그 내면의 복잡다단한 심리적 위력들이 외부로 투영되어 보이지 않는 영의 세계를 구성한 것으로 볼 수 있다.

보이지 않는 차원에 소홀한 현대인

신화를 현대인들은 마냥 허구요 비실재로 치부해버린다. 초대교회 영성이 드러내는 보이지 않는 영의 세계에 대한 감각도 마찬가지다. 그리스도교 내부에서조차 그러하다. 소위 진보-자유주의 신앙을 가진 이들은 보이지 않는 세계와 영들이란 비합리적이고 우스꽝스러운 것으로 격하시킨다. 하지만 위에서 살펴보았듯 고대인들의 이 보이지 않는 세계란 현대인의 관점에서 집단의 내면성, 사이키, 융이 말하는 집단무의식에 해당하는 걸로 이해하면 얘기는 달라진다. 그 세계가 눈에 보이는 현실 세계와 중첩되어 있다고 이해하는 방식도 갑자기 말이 되기 시작한다.

예를 들어 천사 운운하는 얘기를 들으면 어떤 이들은 산타클로스를 믿는 것과 다를 바 없는 전근대적이고 유치한 동화로 치부한다. 합리적으로 신앙을 해설하고픈 사람들은 성서의 천사를 인간 메신저를 상징한 것으로 풀기도 한다. 그러나 학자들은 그런 식의 해석에 동의하지 않는다. 그렇다면 해석의 가능성으로 남는 것은 유치한 동화 아니면 불합리한 미신밖엔 없는가? 월터 윙크는 묵시록의 일곱 교회와 그 천사들을 분석하면서 천사란 교회의 물리적 외형 이면에 존재하는 내면성으로 해석한다. 즉 특정 교회공동체와 천사란 그 집단의 보이는 측면과 보이지 않는 측면이라는 것이다. 그 집단의 오랜 역사에 축적된 하나의 집단사이키와 같은 것으로 이해할 수 있다. 어째서 개개인이 자신의 가치를 포기하고 그 집단의 분위기에 동화되는지, 또 군중심리와 같은 현상이 일어나는지 천사란 개념과 범주로 이해할 수 있다는 것이다.[2]

---

2 월터 윙크/박만 역, 『사탄의 가면을 벗겨라』 (한국기독교연구소, 2005), 174-176, 190-191.

융은 현대인들이 신을 없앤 대신 증세를 갖게 되었다고 말한다. 편두통, 소화불량, 공황장애에다 온갖 중독과 광기들을 갖게 되었다는 것이다. 비신화화의 대가로 현대인들은 자신들을 압도해 오는 힘과 세력들에 대한 언어를 상실했다. 실재를 편협한 과학의 대상 세계로 축소시킨 탓이다. 현대인들은 고대인들보다 세계의 중층적 성격을 표상할 언어가 빈곤하다. 보이지 않는 영의 세계를 지워버렸지만 여전히 개별 자아보다 더 큰 힘이 쏘는 화살에 맞고 광기를 일으키며 빙의된다. 고대인들은 그 힘과 세력들에 대해 풍성한 이름과 이야기를 갖고 다룰 수 있었다. 반면 현대인들은 심리학으로 이를 대신한다. 그런데 이제껏 심리학은 주로 개인심리학에 머물렀다. 집단의 광기를 일으키는 신들의 힘에 대해선 표상하기 힘들다. 세계를 물리주의와 증거주의의 세계로 축소한 탓에 우리는 세계의 깊이와 넓이에 대해 빈곤하다.

따지고 보면 눈에 보이는 세계만이 전부라고 생각한 시대는 없다. 고대인들의 신화나 초대교회가 중시했던 보이지 않는 영의 세계와 같은 방식으로 말하지 않더라도 말이다. 즉 이해의 패러다임이 바뀌었을지언정 인간은 눈에 보이는 세계, 우리가 손 뻗고 파악할 수 있는 저 너머의 세계를 늘 상정했다. 현실은 늘 무언가 다른 차원이 중첩되어 있는 현실이었다. 오늘날 가상현실이니 증강현실이니 하는 것도 인간이 만든 차원이긴 하나 현실에 중첩되어 있다. 이렇게 인간은 만들어서라도 현실을 중층으로 구성한다.

의미의 세계는 보이지 않는다. 우리는 현실에서 일하고 밥벌이, 돈벌이에 목줄을 매고 살아가는 모습은 비슷할지 모른다. 그러나 각자가 자기 현실에 부여하거나 발견하는 의미의 세계는 매우 다르다.

의미는 서사에서 나온다. 석공들이 같은 일을 하는데 표정들이 다 다르더라는 한 사람은 자신이 시간 낭비를 하고 있다며 불행해 했다. 다른 사람은 가족을 먹여 살리기 위해 돈벌이를 하는 중이라 했다. 예술작품을 만드는 중이라는 사람, 다른 사람에게 봉사하기 위해 일한다는 사람 등 각자 보이지 않는 내면의 동기에 따라 행복하거나 불행하거나 덤덤하거나 했다.[3] 이렇듯 각자의 이야기, 즉 서사는 저마다 다를 뿐만 아니라 눈에 보이는 세계의 것이 아니다. 주관 내면에서 구성하고 있는 이야기인 것이다. 이 보이지 않는 세계의 이야기가 우리의 행복과 불행에 심대한 영향을 미친다. 물론 이미 마련된 신화에서 의미를 발굴하던 고대인과 각자 나름의 의미를 구성해야 하는 현대인의 처지는 다르다고 볼 수 있다. 그러나 현대인들도 마냥 홀로 고군분투하는 것은 아니다. 여전히 기존의 이야기들, 전통의 자원이라 할 만한 것들과 대화를 나누면서 그렇게 한다. 고대의 신화, 성서 이야기, 보이지 않는 영의 세계는 여전히 현대를 사는 우리에게 울림을 줄 수 있다. 물론 의미를 구성한다고 해서 자의적으로 멋대로 만들어도 좋다는 뜻은 아니다. 인간은 상상과 사유를 통해 인생과 세계에 대한 상을 만들고 이를 통해 삶의 방향성과 의미를 찾는다. 그 구성물이 현실에 적절한 표상으로 간주될 때만 힘을 갖는 것이다. 즉 진실한 이야기여야 하는 것이다.

---

3 로저 월시/김명권 · 문일경 · 백지연 역, 『7가지 행복명상법』(김영사, 2007), 107 -108에 실린 이야기이다.

그리스도 중심성은 정체성에 관한 말

보이지 않는 영의 세계에 대한 감각이 초대교회가 바깥 세계와 공유하는 세계관이었다면 그리스도 중심성은 초대교회 내부의 핵심 특징이다. 초대교회는 이후 어느 시기와도 비교 불가일 정도로 그리스도는 누구신가에 집중했다. 초대교회 시기에 등장한 이단들의 역사만 살펴봐도 그렇다. 그리스도가 육체를 입고 오심을 부정하는 가현설, 그리스도는 뛰어난 인간이어서 신의 양자가 된 것이라는 양자설, 이와 비슷하게도 나름 신성하지만 어디까지나 피조물로서 성부만은 못한 존재라는 아리우스주의가 등장했다. 그리스도 안의 신성과 인성의 관계를 둘러싸고 등장하는 이단들도 있다. 그리스도 안에는 우리처럼 인간의 마음 같은 건 없었다는 아폴리나리우스파, 인성도 있고 신성도 있지만 별개로 따로 놀았다는 네스토리우스파, 아예 인성이 없었다는 단성론이 차례로 나타났다. 역으로 말하면 이렇게 그리스도론 관련 이단들이 많이 등장할 정도로 그리스도를 이해하려는 데 몰두한 시기가 초대교회다.[4]

그런데 초대교회가 보여준 그리스도 중심성이란 현대와 같은 종교다원사회에서는 걸림돌처럼 취급된다. 소위 '특수성의 걸림돌'(the scandal of particularity)이라 해서 그리스도만이 구원의 길이라면서 타종교 배척의 근거처럼 이해될 수 있다. 실제로 그런 식으로 그리스도 중심성을 이해하고 드러내는 교회들이 많다. 다원 사회에서 그것은 동질성을 타자에게 강요하는 폭력이거나 무례함, 최소한 편

---

4 Ramsey, "The Spirituality of the Early Church: Patristic Sources," 27-30.

협성으로 비친다. 종교를 전반적으로 무시해온 현대의 특성은 그러한 종교편의 독선에서도 에너지를 얻었다.

그러나 초대교회의 그리스도 중심성은 매우 다른 각도에서 읽힐수 있다. 원시 그리스도교 운동이란 예수라는 한 인물에 대한 충격에서 시작된다. 그 충격이 얼마나 강렬했던지 그를 만나고 경험한 인물들은 그를 '신의 아들'이라 했다. 성서적 언어 용법에서 '무엇의 아들'이란 표현은 '무엇'이 그의 본질이자 핵심인 존재라는 뜻이다. 악마는 '거짓의 아비'로 표현된다(요한 8:44). 그러므로 거짓된 사람들은 '악마의 아들들'로 표현할 수 있다. 예수가 신의 아들이란 말은 그가 신성한 사람, 영의 사람이란 말이다.

예수에게 경험한 신성과 초월성이 워낙 강렬했던지라 그를 따랐던 사람들은 그 충격을 전달하는 데 역점을 두었다. 그래서 초대교회는 그 충격을 언어로 포착하기 위해 애썼다. 작가들이 그러하듯 말로 다할 수 없는 걸 말로 담아내려는 것이 신학의 노력이다. 언어로 가닿을 수 없는 것을 그래도 언어의 한계 내에서 말하려는 것이다. 마침 로마제국 내에 자리한 초대교회는 그리스 형이상학의 언어로 자신들의 그리스도 경험과 충격을 담으려 애썼다.

그러므로 초대교회가 몰두했던 그리스도 이해란 자기네 삶에 의미와 빛을 던져주는 서사가 예수를 중심으로 하는 이야기였음을 말해주는 것이다. 아무리 평범한 사람이라도 나름으로 인간과 세계, 인생에 대한 해석이 있다. 그 해석, 그 이야기에서 나는 누구고 어떻게 살아야 하는 존재인지 의미와 정체성을 우려내는 것이다. 비록 로마제국의 공인된 종교로 성큼 주류의 지위를 차지하긴 했지만 그 전까지 그리스도교는 자신들을 수상쩍어하는 사람들 틈에서 자기네 존립의 정당성과 정체성을 줄곧 옹호해야만 했던 변두리 집단이었다. 그런 의미에서 초대교회의 그리스도 중심성이란 정체성 작업이었다고 봐야 한다.

리처드 마우의『무례한 기독교』라는 책이 있다. 그리스도교가 편협하게도 유일한 진리라 주장하면서 십자군처럼 이교도들을 정복하겠다는 식으로 구는 건 무례함이라 꼬집는 책이다. 다원화된 시민사회에는 서로 다름을 존중하는 시민교양이 필요하다는 것이다.[5] 그리스도 중심성은 그런 식으로 무례하게 표출될 수 있다. 타자성을 일체 인정하지 않고 그 모두를 '결핍'이라 해석하면서 자기 동질성을 요구해 나가는 식으로 말이다. 하지만 한걸음 떨어져 생각해보면 그런 식의 무례한 자기중심성을 그리스도교만 표출하는 게 아니다. 철학자 한병철은 '웅성거림'으로 현대 사회의 이미지를 제시한다. 저마다 자신만의 목소리만 높이며 '밝힘'도 '묶어냄'도 없는 한 무더기 소음만 웅성거릴 뿐이다.[6] 각자의 입장을 밝힐 권리가 있다는 것과 그 입장을 극렬하게 이념화, 세력화하여 타자를 '하나의 옳음'으로 장악하려는 것은 같은 게 아니다. 십자군의 야만은 지금도 꽤 흔하다. 그런 자기중심성이 민주나 평등, 소수의 권리 같은 이념의 기치를 높이 내

---

5 마우가 과격한 십자군식 승리주의를 경고한다고 해서 모든 것이 옳다고 인정하고 판단 중지해버리는 상대주의를 옹호하는 것은 아니다. 다만 모두가 자기 신념과 정체성을 밝힐 권리가 있음을 존중하자는 말 그대로 공공의 예의를 말할 따름이다. 리처드 마우/홍병룡 역,『무례한 기독교』(IVP, 2004), 26-27.

6 "…우리 시대는 다수의 목소리들의 시대다. 하지만 묶여지거나 매개 중재되지 않으면 다수의 목소리를 웅성거림에 그칠 뿐이며, 그것은 폭력이 벌어지는 장소가 될 수도 있다." 한병철/김남시 역,『권력이란 무엇인가』(문학과지성사, 2011), 7-8.

세우기도 한다. 양두구육羊頭狗肉처럼 현대는 평등주의의 깃발 아래 서로에게 몹시 무례하다.

앞에서 초대교회는 '예수는 그리스도이시다' 하나를 빼고는 하나도 같지 않을 정도로 다양하다고 했다. 역으로 그 하나에서 초대교회의 두드러진 응집력은 나왔다. 그 하나가 모든 것을 통합해서 묶어주고 분별하여 밝혀주었던 것이다. 초대교회의 응집력이란 과일바구니와도 같다. 이 하나의 바구니 안에서 사과는 사과로서, 바나나는 바나나로서 확실해야 한다. 확실한 개별성과 차이가 전체에 기여하는 것이다. 사과도 아닌 것, 바나나도 아닌 것, 어중간한 것은 과일바구니 전체의 아름다움에 보탤 게 없다. 초대교회의 그리스도 중심성은 전혀 무례하지 않은 말을 우리에게 건넨다. "너는 너 아닌 다른 무엇이 되지 말라"고 말이다.

성공회 신학자 마커스 보그는 "성서는 그리스도인의 정체성 문서"라는 말을 했다. 그리스도인들은 성서를 통해 자신이 누구며, 어떤 생각을 갖고 있는지 밝히는 사람들이란 뜻이다.[7] 경전이란 궁극적 의미를 밝히는 책이다. 저마다 자기 삶의 의미를 구성토록 돕는 문서다. 그런 의미에서 성서 중심의 신앙이란 타자에게 자기 동질성을 강요하는 무례함의 근거가 아니다. 오히려 그리스도인이 자기정체성을 찾도록 돕는, 확실히 자신들만의 개별성을 성취토록 돕는 문서다. 그리스도 중심성이 "교회 밖에는 구원이 없다"로 표출되기도 했다. 그러나 교회는 "교회 안에는 구원이 있다"만 말하면 된다. 우리가 인생의 의미를 구성하는 중력이 그리스도에게 있음만 밝히면 되

---

7 마커스 보그/김준우 역, 『기독교의 심장』(한국기독교연구소, 2009), 79.

는 것이다. 오히려 확실히 그러하길 바란다. 이때 비로소 리처드 마우의 권고처럼 신념과 공손함을 고루 갖춘 그리스도교가 될 것이다.

3 장

초대교회 영성 II
: 성서는 정체성 문서

앞장에서 초대교회가 오늘 우리에게 일깨워주는 얘기의 하나로 보이지 않는 세계의 중요성을 꼽았다. 오늘날 우리는 실재를 과학과 이성의 눈으로만 편협하게 축소하여 인정한다. 그러면서 무의미와 공허의 고통을 받는다. 뭐든지 점점 더 빠르게 가속화되는 세상이다. 그 속에서 늘 바쁘지만 현대인들은 정신적 홈리스라고 해도 과언이 아니다. 의미의 집을 튼튼히 짓고 거기 머물러 살기보다 휩쓸려 살기 때문이다.

보이지 않는 세계, 비가시적 차원이 결여되면 현실은 밋밋한 일차원 평면일 뿐이다. 포켓몬을 잡으러 속초까지 쫓아가는 젊은이들은 왠지 일차원 현실만으론 충분치 않다고 말하는 것 같다. 하다못해 가상현실, 증강현실이라도 중첩시켜야 시간의 무의미함을 견딜 수 있다고 말이다. 인간은 어떤 식으로든 보이지 않는 세계가 보이는 세계와 함께 있어야만 의미를 느끼는 존재다. 보이지 않는 영의 세계를 중시했던 초대교회와 고대인들은 예외가 아니었을 뿐이다. 그들은 우리더러 무얼 상실하고 있는지 잘 생각해보라고 일러주는 것 같다.

앞장에서 초대교회의 그리스도 중심성도 우리에게 들려주는 말이 있다고 했다. 우선 그리스도 중심이라는 말을 진리의 독점, 그래서 타자에게 무례할 수 있는 권리(왜냐하면 그들은 비진리이므로!)로 받아들이는 근본주의, 교조주의 교회들에 해줄 말이 있다. 초대교회가 그리스도에 몰두했다는 사실을 그들이 그리스도와 얽힌 서사에서 의미와 정체성을 찾는 집단임을 웅변한다. 폴 니터는 불교가 그리스도교에 들려주는 말인즉 신에 관해 무슨 말을 하려면 신을 경험하면서 말하라는 것이라 했다.[1] 초대교회에서도 이른 시기로 거슬러 올라갈수록 경험과 언설이 따로 놀지 않는 특징이 두드러진다. 그들은 자신들 삶의 이야기와 그리스도의 이야기가 진하게 합쳐지는 경험을 한 사람들이다. 초대교회의 그리스도 중심성이란 진리독점이 아니라 진한 의미경험에서 비롯되는 정체성 선언으로 읽을 필요가 있다. 오늘날 다원 사회에서는 그런 독법이 더욱 필요하다.

그래서 나는 초대교회의 그리스도 중심성을 공허하지 않은 언설의 문제, 자기 정체성과 의미를 찾는 노력의 문제와 결부시킨다. 그리고 그 반대편에 극렬한 이념성을 세우고 비교해본다. 소화되지도,

---

1 "붓다가 그리스도인들에게 충고해 주는 것은 하느님에 대해 말을 사용하기 원한다면 반드시 체험이 먼저 있거나, 적어도 그 말이 그 체험에서 나와야만 한다는 것이다." 폴 니터/정경일·이창엽 역, 『붓다 없이 나는 그리스도인일 수 없었다』(클리어마인드, 2011), 60.

체화되지도 않은 이념을 붙들고 서둘러 집단화, 세력화하는 사람들이 극렬하기까지 한 경우를 본다. 원래 얼치기가 서두르고 미숙할수록 극렬하다. 가만히 들여다보면 그토록 강하게 주장하는 이념 안에 자신도 거주하지 않는 경우도 많다. 자기애적 권력투쟁의 도구로 이용할 뿐이다. 자기부인, 자아초월성이 없으면 자기도취에 떨어지기 쉽다. 반면 머물러 충분히 경험하고 곰삭히면서 자기화한 신념은 겸손하다. 그 과정에는 필경 자기 부인, 자기 비움이 따르기 때문이다. 그래서 초대교회의 그리스도 중심성이란 내게는 리처드 마우의 제안처럼 신념과 공손함을 나란히 가질 수 있는 미덕의 이야기로 들린다.

종교의례의 힘

초대교회 신자들은 '전례의 백성'이라고 일컫는다. 그만큼 전례, 즉 공동예배가 그들 신앙생활의 중심이었다는 말이다.[2] 성서적 신앙을 중시하는 한국의 개신교인들은 '성서의 백성' 내지 '말씀의 백성'이라는 표현을 더 선호할 것이다. 요즘처럼 개인이 여러 종교나 영적 전통에서 입맛에 맞는 걸 골라 소비하는(이런 태도를 '카페테리아 영성'이라고도 한다) 방식과 비교하면 차이는 더 뚜렷하다. 어느 접근방식이 더 우월한 것이냐 하는 판단과는 별개로 초대교회의 유별난 특징이 전례 중심성이다. 즉 초대교회 신자들은 전례를 통해 영성을 찾고 경험하고 발달시켰던 사람들이다.

---

2 Ramsey, 30.

21세기 들어 각광을 받는 뇌 과학은 종교의례의 힘을 이렇게 설명한다. 집중해서 무언가 리드미컬하게 반복할 때 뇌는 일종의 변성의식 상태에 들어간다. 그리고 그 변성의식 경험이 그 종교에 대한 믿음을 강화시켜 준다는 것이다. 언젠가 베네딕트수도원 수사들이 부르는 찬트가 빌보드 차트에 2위를 한 적이 있다. 어째서 고대의 단순한 찬트가 현대인에게 어필하는가를 분석하는 기사가 여럿 등장했다. 리드미컬하게 반복되는 찬트의 단순함이 평소에 경험하기 힘든 모종의 변성의식 상태를 자아내는 것에 주목할 필요가 있다. 뇌 과학의 설명에 따르면 찬트뿐만 아니라 종교의례의 여러 요소들은 변성의식을 자아낸다. 그리고 그 의식 체험은 자기 종교의 가르침을 확신케 하는 근거가 된다는 것이다.

초대교회 하면 순교가 떠오른다. 이 순교를 마다않는 힘의 출처는 교리나 세련된 신학 지식보다는 전례에서 봐야 할 것이다. 우리나라 가톨릭교회의 역사에서도 초창기 외국 선교사들이 경이롭게 여긴 바는 이렇다. 배움도 모자라고 교리도 깊이 알지 못하는 사람들이 서슴지 않고 순교의 길로 나아가더라는 것이다. 그 힘을 어디서 보아야 할까? 적어도 그들은 몰래 숨어서 간절히 드리는 미사에서 무언가 변성의식을 체험하곤 했을 것이다. 뇌 과학의 설명에 따르면 공포와 두려움을 관장하는 뇌의 우측 편도체가 과잉 활성화하면 반대편으로 이행되는 현상이 나타난다고 한다. 그런데 좌측 편도체는 기쁨과 지복, 환희를 담당하는 곳이다. 두렵던 의식상태에서 갑자기 지복의 엑스타시를 경험하게 되는 것이다.[3] 극도의 두려움과 공포를

---

3 Todd Murphy, *Sacred Pathways* (Kindle edition, 2015)의 4장 "Some Princip

감수해야 했던 상황에서 드리는 종교의례에는 이렇듯 극단의 고통에서 극단의 행복감으로 이행되는 변성의식 경험이 나타날 수 있다.

동서고금을 막론하고 모든 문화권에 종교가 나타나고 거기엔 빠짐없이 종교의례가 들어있다. 제대로 효력을 발휘하는 경우 종교의례는 변성의식을 자아낸다. 참여자들에게 초월적이고 영적인 일체감을 잠깐이라도 느끼게 해주는 것이다. 이러한 변성의식 경험이 참여자들에게는 자기네 경전의 이야기를 증명하는 것처럼 느끼게 한다. 현대인들은 신화를 허구로 치부하지만 참여자들에게는 너무나 참되고 의미 있는 이야기가 된다. 그리고 그 이야기를 통해 자기네 삶의 의미와 방향성을 도출해내는 것이다.

종교경험에 대한 해석의 문제, 비판적 성찰의 문제를 잠시 제쳐두면 종교의례와 신념의 상관관계는 이처럼 변성의식 경험 유무에 있다는 것이 현대 뇌 과학의 통찰이다. 그리스도교 고대, 즉 초대교회는 전례, 즉 종교의례와 순교, 즉 확고한 신념 사이의 상관관계가 무척이나 견고했던 시기로 보인다. 초대교회를 전례의 백성이라 부른다는 말은 그리스도교 초기는 종교의례의 힘이 살아있던 시기라는 말과 다름이 없다. 그들은 예배를 통해 시쳇말로 은혜로운 경험을 많이 했던 것이다.

거기에 비하면 현대의 그리스도인들은 난독증이다. 전례의 상징이 낯설다 못해 해설을 해줘야 하는 사태에 이르렀다. 아름다운 여인에게 장미꽃을 바치는데 그 상징성의 위력은 말이 따라붙을 필요가 없다는 데 있다. 굳이 옆에서 꽃은 무얼 의미하고 이 행위는 무얼 의

---

les of Neuroscience"을 보라.

미하는지 해설해야 한다면 그건 이미 상징으로서 효력을 상실했다. 하물며 거기서 무슨 변성의식 경험이 일어나겠는가. 다시 뇌 과학 얘기를 조금 덧붙이자면, 신앙인에게 경건한 마음을 일으키는 상징이 당연한 얘기겠지만 무신론자에게는 아무 반응도 일으키지 않더란다. 따라서 경건한 집중으로 일어나는 뇌의 변화와 경험이 무신론자에게는 일어나지 않는다. 현대의 예배는 종교의례의 살아있는 힘을 상실한 기계적 반복인 경우가 많다. 기능적으론 무신론자의 예배와 다를 바가 없다.

전례는 일체감과 결속력 또한 불러일으킨다. 시위나 집회 참가자들도 유별난 결속력을 드러낸다. 자기네만의 의식을 통해 그들의 일체감은 더욱 커 보인다. 함께 하는 의식에는 그와 같이 동화시키는 힘이 있다. 전통적으로 전례는 은총을 전달하고, 신앙을 강화하는 기능을 하는 걸로 말한다. 또한 구성원의 결속을 다지는 기능도 말한다. 집단에의 소속감과 헌신을 키운다는 것이다. 특히 박해가 있고 내부분열의 위협이 있을 때 전례의 결속력이 주목받는다고 한다.[4] 초대교회의 유난한 응집력 또한 전례의 힘과 무관치 않다. 현대의 여러 교파 중 성공회가 이런 특성을 드러낸다. 보통 한 교파는 통일된 신학의 입장 같은 걸로 결속을 다지는데 성공회는 놀라우리만치 다양한 신학의 스펙트럼을 내부에 품고 있다. 그럼에도 하나의 교회로서 구심력을 갖는 것은 동일한 기도서에 의한 전례 때문이다. 전례의

---

4 알리스터 맥그래스/김기철 역, 『신학이란 무엇인가』 (복 있는 사람, 2014), 999. 전례(성례전)신학이 3~4세기 북아프리카 지역에서 가장 발전한 이유를 박해와 분열 등 어려운 형편에 맞서 강력한 연대감을 키우려는 노력 때문인 걸로 설명한다. 같은 책, 978.

백성으로서 초대교회가 보인 응집력과 유사한 모습이라 하겠다.

장기기억의 힘

전례와 더불어 기억해야 할 초대교회의 또 한 가지 특징은 설교다. 일단 초대교회는 가정교회처럼 서로를 잘 아는 사람들이 모인 소규모 교회들이 많았음을 기억할 필요가 있다. 이런 환경에서 설교란 오늘날의 대형 교회보다 듣는 사람들의 일상과 삶에 훨씬 밀접하게 연결된다. 이러한 초대교회 설교가 가졌을 힘에 대해 다시금 뇌 과학의 통찰을 빌려보자. 뇌 과학은 인간의 기억을 감각기억, 단기기억, 장기기억으로 나눈다. 감각에 유입된 정보는 아주 단기간 대기실에 있다 사라진다. 1밀리 초, 즉 1천분의 1초만 지속된다. 이 감각기억의 일부만이 단기기억으로 넘어와 약 20초 정도 유지된다. 단기기억에서 유지되는 정보 단위는 대략 일곱 개라고 한다. 전화번호는 단기기억에 적합한 단위다.

단기기억이 장기기억으로 넘어가려면 기존의 기억들과 연합해야 한다. 이러한 연합은 의미를 중심으로 연결될 때 일어난다. 앞에서도 언급했지만 의미는 이야기에서 나온다. 새로운 정보가 기존의 이야기와 합류되면서 의미 있는 지식이 되는 것이다. 이렇게 하나의 연결망으로 조직될 때 장기기억으로 남는다. 이 과정을 뇌 과학적으로 설명하면, 뉴런에 접수된 정보가 다른 뉴런들을 점화시키게 되면 이후에도 거듭 재활성화 되는 경향을 갖는 신경망으로 자리 잡는다. 기존 삶의 기억에 의미 있게 와 닿은 정보는 뇌 속에서 도서관 서가처럼 동일주제끼리 저장된다고 한다.

당연한 얘기지만 장기기억이 된 설교라야 사람을 변화시키는 힘이 있다. 신앙도 교육처럼 인간 변화에 관한 문제다. 돌아서면 잊어버리는 설교로는 인격의 변화를 기하기 어렵다. 그런데 감각기억에서 단기기억으로, 나아가 장기기억으로 전환되는 과정은 다음과 같다. 우선 특정 정보가 무언가 정서적 느낌이 들게 되면 이를 반복하며 새기게 되고, 이 과정에서 기존의 기억이 떠올라 연결이 이루어진다. 이 연결은 의미를 중심으로 조직된다. 이후 이 연결을 환기시키는 상징을 접하기만 해도 이 연결은 재활성화되며 장기기억의 힘을 발휘한다.

요즘 유행하는 렉시오 디비나 성서 묵상 방법도 이 뇌의 장기기억 시스템과 연관시켜 이해해보면 흥미롭다. 보통 렉시오 디비나는 다음과 같은 네 단계로 진행된다:

1) 성서를 나직하게 읽어나간다.
2) 왠지 마음에 와닿는 대목에 멈추어 그 부분을 천천히 반복하며 암송한다.
3) 반복하는 동안 그 대목이 어떤 의미로 들어오는지, 또 내 안에서 어떤 기억이 일어나 그 대목과 합류하는지 묵상한다.
4) 새겨진 의미대로 묵상하며 기도한다. 그러다 깊은 침묵으로 들어갈 수도 있다.

왠지 마음에 와닿는 대목이란 무언가 정서적 느낌이 일어난 대목이기도 하다. 그 부분을 반복한다는 것은 정서적 느낌과 더불어 기억이 강화되는 과정이기도 하다. 그런데 문득 내 삶의 과거 기억이나 장면이 그 대목과 함께 연결되면서 의미연관이 확장된다. 마침내 장기기억으로 전환되는 것이다. 이렇듯 수도원의 오랜 성서 묵상 방법인 렉시오 디비나는 장기기억으로 전환되는 과정이기도 하다.

내 경험을 한 토막 얘기해보자.

모세의 불붙는 떨기나무 이야기는 유명하다. 교회 다니는 사람이면 누구나 잘 알고 있을 얘기다. 그래서 모르는 얘기는 아니지만 나와는 무관했다. 그런데 미국에 가서 혼자 초라하게 고군분투할 때 어느 날 그 이야기가 내 안에 들어왔다. 혹은 내가 그 이야기 속으로 들어갔다고 해도 틀리지 않다. 한때 이집트의 왕자였으나 이제 낯선 땅에서 양 새끼나 받아내며 자신이 아무것도 아님을 뼈저리게 새겼을 모세에 내 처지가 대입되었다. 그 정서적 느낌을 매개로 고립무원의 내 처지가 모세의 이야기에서 의미를 얻기 시작했다. 형편이 달라진 건 없으나 인간은 의미가 있다고 느끼는 사태는 잘 견딘다. 무의미해 보였을 시간이 갑자기 자기부인, 자기 비움의 시간으로 의미를 지니게 된 것이다.

순교는 자아초월성의 표현

초대교회 하면 많은 사람들이 순교를 떠올릴 정도로 순교는 초대교회를 특징짓는 이미지다. 물론 역사학자들은 실제 역사에서 순교는 규모나 기간에 있어 통념과는 상당한 차이가 있다고 한다. 그럼에도 초대교회는 그리스도교 역사 어느 때보다 순교자가 많았던 시기임은 틀림없고 순교는 영성생활의 상상력을 지배했다고 해도 과언이 아니다.5 어째서 타나토스, 즉 죽음 충동과 같은 것이 초대교회 신자들의 마음을 사로잡은 걸까?

이 또한 초대교회의 그리스도 중심성과 관련이 있다. 초대교회 신자들의 눈에 그리스도는 다름 아닌 순교자였다. 하느님의 뜻에 순종하여 십자가의 죽음을 마다하지 않은 분을 그들은 몹시 본받고자 했다. 그리스도를 본받음imitatio Christi이란 시대를 막론하고 그리스도교 영성의 핵심이다. 순교야말로 그리스도를 가장 본받는 길이 아니고 무엇이랴. 박해를 종종 겪었던 초대교회는 순교가 물리적으로 가능한 시대이기도 했다. 사실 이후 수도원 운동이나 독신 및 금욕생활은 더 이상 물리적 순교가 가능하지 않은 시대에 순교의 정신적 대체물이었다.

그러므로 그리스도교 영성의 역사에서 순교의 상상력은 무척이나 길게 지속된 것이다. 초대교회는 물리적 순교가 발생했던 시대인지라 순교는 초대교회의 이미지로 강렬하게 남았다. 하지만 이후 시대에도 순교의 상상력은 수도원 영성의 형태로 길게 자리했다. 오늘날도 그리스도교 쇄신의 물줄기를 수도원 영성에서 찾으려는 움직임이 있다. 그런데 수도 생활과 이에 수반되는 독신 및 금욕생활이란 원래 순교정신에서 비롯된 것이다. 물리적 순교를 정신적 순교로 대신하고자 했던 데서 그리스도교 수도 생활은 탄생한다.

자아초월 심리학Transpersonal Psychology은 인간에게는 타고난 자아초월성이 있다고 말한다. 인간에게는 자아의 모든 가능성을 구현하려

---

5 Ramsey, "The Spirituality of the Early Church: Patristic Sources," 33-34.

는 자기실현 경향성이 있다. 그런데 그와 더불어 자아를 넘어서려는 충동 또한 있다는 것이다. 자아실현 경향성과 자아초월 경향성의 상관관계는 무엇일까? 심리학자 매슬로우가 사람들을 연구하고 내린 결론은 자아초월성이 자아실현성을 완성해준다는 것이었다. 아퀴나스는 초자연이 자연을 완성해준다고 했다. 요즘 식으로 표현하자면 영성의 발달이 심리적 성숙이나 육체의 건강에도 기여한다고 말할 수 있겠다. 한 마디로 초월적 영성이 인간발달의 다른 차원들을 아우르고 통합해주는 것이다. 항아리에 물이 얼마나 찼는지 알려면 항아리보다 키가 커야 한다는 말처럼 말이다.

그런데 자아초월의 충동이란 자기부인이자 자기 비움의 충동이다. 인간은 누구나 자신보다 더 큰 것에 자신을 바치려는 충동이 있다. 이런 충동은 자아의 입장에서 죽음의 충동과도 같다. 그리스도교 순교 및 수도원 영성이란 인간의 자아초월성이 그리스도교적으로 표현된 것으로 볼 수 있다. 자신보다 큰 것에 자신을 지극히 드리고 싶은 열망이 때론 물리적 순교로, 때론 정신적 순교로 표현되었다고 말이다. 그리고 그러한 열망을 지피는 데 촉매 역할을 하는 것이 그리스도를 본받음이라는 상상력이다. 하느님께 자신을 지극하게 내어드린 그분을 본받는다는 것이 자아초월성을 표현하는 그리스도교적 상상력이자 정체성이다.

초대교회의 순교 및 이후 출현한 수도원 영성을 인간의 자아초월성이 그리스도교적으로 표현된 것으로 본다면 오늘날에 이르러 한 가지 짚고 넘어가자. 자아초월성을 자기부인 내지 죽음의 충동 같은 면으로 그 한 면을 볼 수는 있지만 그게 전부는 아니다. 켄 윌버는 초월이란 '품고 넘어서는 것'이라 했다. 배제하고 넘어가는 것은 진정한 의미의 초월이 아니라는 것이다. 어느 한 차원에서 다른 차원으로 넘어가려면 일단 부정이 따라야 한다. 그런 다음 더 크고 깊은 차원에서 재통합이 이루어져야 한다. 이때 이전 차원은 새로운 차원의 일부가 된다. 이전에는 전부였던 것이 지금은 부분이 되었을 뿐이다.

수도원 영성에는 독신 및 금욕생활이 수반된다. 물리적 순교의 죽음을 대신하여 욕망의 부정으로 자아의 죽음을 표현하는 것이다. 자아를 구성하는 육체, 감정, 정신의 차원이 일차적으로 부정될 필요는 있다. 그래야 자아가 애착하는 차원과의 탈동일시가 이루어지기 때문이다. "이제는 내가 사는 것이 아니라 그리스도가 사시는 것입니다"(갈라 2:20). 그러나 그리스도가 의식의 새로운 중심이 된 이후에도 자아가 어디로 사라진 것은 아니다. 육체와 감정도 다 거기 그대로 있다. 다만 전에 주인이던 것이 종의 자리로 내려섰을 뿐이다. 성서적 초월 혹은 거듭남이란 이렇게 '품고 넘어섬'을 드러낸다.

그런데 그리스도교 영성의 역사에서 초월은 다소 병리적으로 이해되어 왔다. 인간의 육체성과 성, 사회적 관계성에 내내 등을 돌리는 것이 영성적인 걸로 인식되어온 것이다. 특히 금욕을 강조한 것이 여성혐오로 이어지기도 했다.[6] 이전에는 그것만이 전부라고 배타적으로 동일시된 것에 대해 일차적 끊음은 필요하다. 하지만 그것은 이전의 전부를 부분으로 삼고 더 큰 전체성으로 나아가기 위한 부정일 뿐이다. 그리스도는 부활 이후에도 몸을 지니셨다. 심지어 이전의

---

6 금욕생활의 옹호자들, 기록을 남긴 이들이 대부분 남성들인데 이들은 어떤 성적 행위도 반대하다 보니 여성이 그 유혹의 근원이 된다고 여겨 여성을 혐오했다는 것이다. 물론 현대에는 수용할 수 없는 견해지만 과거에는 당연시했다. 어반 홈즈/홍순원 역, 『그리스도교 영성의 역사』 (대한기독교서회, 2013), 19.

상처와 못 자국을 지닌 채로 말이다. 물론 부활 이후의 그리스도는 전과는 사뭇 다른 신령한 몸을 지니셨지만 말이다. 나는 '몸의 부활'이란 그리스도교적 표상이 '초월이란 품고 넘어서는 것'임을 일러준다고 본다.

영해靈解: 보이지 않는 차원에서 확보하는 의미

앞장에서 초대교회의 특징을 '보이지 않는 영의 세계'의 중시라고 했다. 이는 성서해석에도 고스란히 적용된다. 성서는 보이는 문자사실의 차원보다 보이지 않는 이면의 속뜻이 더 중요하다고 보는 것이다. 초대교회의 시선으로 볼 때 성서는 오늘날 근본주의자들처럼 문자사실주의로 접근해야 할 책이 아니다. 성공회 신학자 어반 홈즈는 성서 문자사실주의를 현대의 이단이라 했다.7 초대교회의 소위 영해, 즉 영적 해석이란 단일한 것이 아니다. 교부들에 따라 다양하다. 그럼에도 전체적으로 문자기록 너머의 속뜻을 보려 했다는 공통점을 갖는다. 마커스 보그라면 '은유-상징적 해석'이라 했을 접근을 초대교회는 즐겨 했다. 역사적 사실은 아니지만 인간과 세상에 대한 진실을 말하는 걸로 말이다.

근대가 역사성을 발견한 이래 성서의 역사적 해석과 비평은 중요해졌다. 성서를 정치사회학적으로 읽어내는 것도 활발히 이루어졌

---

7 마커스 보그도 성서의 기록을 문자 그대로 사실이라고 강력하게 주장하는 태도가 등장한 게 불과 두 세기 정도의 일이라는 사실을 지적한다. 마커스 보그, 『기독교의 심장』, 86.

다. 근대 이후 학문 및 가치의 분화가 다양해지면서 성서해석의 접근법도 다양해졌다. 이런 접근방식에 비하면 초대교회의 영해란 주관적 자의성에 더 근접한다. 내게 와 닿는 의미와 속뜻이 더 중요한 것이다. 그러나 이 경우에도 내가 보고 싶은 대로 보면 그만이라는 식은 아니다. 서로의 해석을 비교대조해서 널리 공감을 얻어야 하는 것이다. 그런 상호주관성이 정당한 해석으로 수용될 토대였다. 그런 의미에서 자의적 해석인 것만 같은 영해도 널리 비교하고 대조한다는 인간 지식의 정당성 기준에서 벗어나는 게 아니다.[8]

비단 성서뿐만 아니라 누구에게나 경전과도 같은 책들이 있다. 그 책이 건네는 말이 내 삶의 기억과 얽히면서 장기기억으로 전환되는 책, 그래서 나의 인격과 삶에 변화를 안겨주는 책들 말이다. 그런 책들은 우리가 삶의 의미를 구성하는 데 도움이 된다. 최신을 숭상하는 현대지만 보통 그런 책들은 길고 오랜 울림을 갖는다. 고전이 중요하다고 말하는 이유, 애초에 고전이 된 이유 또한 그 오래가는 울림 탓에 있다. 성서 또한 비신자들에게도 고전의 가치를 갖는다. 사람들은 성서의 이야기와 자신의 이야기를 합류시켜 나름의 서사를 만든다. 그리고 거기서 지속적으로 의미의 샘물을 길어올린다.

초대교회 영성은 비그리스도인들에게도 말을 건넨다. 현대인의

---

8 켄 윌버는 과학뿐만 아니라 인간의 모든 타당한 지식에는 세 가지 요건이 있다고 말한다. 교시injunction – 이해apprehension – 승인confirmation이다. 과학 지식도 교시에 따라 실행한 결과 파악한 이해를 전문가집단에 의해 승인 혹은 거부하는 과정을 거친다. 마찬가지로 책을 읽고 해석한 것도 그 책을 읽은 사람들이 상호주관적으로 해석을 비교대조하는 과정을 통해 받아들여지거나 거부당한다. 윌버는 영적 경험도 이 세 가지 요건을 거친 타당한 파악일 수 있다고 말한다. 켄 윌버/조효남 역, 『감각과 영혼의 만남』(범양사출판부, 2000), 260-63.

삶은 눈에 보이는 물질과 경제지표만 중심으로 구성된다. 물론 경제는 중요하지만 사람이 빵으로만 사는 게 아니다. 보이지 않는 영역, 사랑과 배움, 의미와 가치, 감성과 상상력을 소홀히 해서는 살아도 사는 게 아님을 초대교회 영성은 들려준다. 순교와 금욕은 전근대적인 가치 같지만 인간의 삶에 자기부인, 자아초월이 있어야 함을 일깨운다. 삶이 고통스럽다는 것, 이에 대해 인간이 마련할 수 있는 대책이란 더 나은 사람이 되어 삶을 직면한다는 것 말고 다른 게 없다. 이는 그리스도교보다도 오랜 진리다. 더 나은 인간, 더 깊고 지혜롭고 강한 인간이 되려면 부단한 거듭남이 필요하다. 작은 변화, 작은 거듭남들도 이전의 자아로 보면 죽음이다. 그 성숙과 변화의 과정을 보면 그렇다. 그러한 자기부인의 과정을 기꺼이 수용하는 것도 순교와 같은 자발적 죽음이다. 이전의 자아 수준에 고착되어 삶이 고통스럽다고 불평만 하는 것으론 충분치 않다는 것이 동서고금의 지혜다. 고통은 우리더러 더 높고 나은 수준으로 나아가라는 신의 부르심이다. 신이란 말이 불편하거든 생의 명령, 즉 생명生命이라 해두자.

4 장
수도 생활의 영성
: 세상의 게임에서 발 빼기

그리스도교가 콘스탄티누스 황제에 이르러 로마제국의 공인된 종교가 되자 박해와 순교의 시대는 막을 내린다. 물리적 순교는 더 이상 불가능하게 되었다. 이제 교회는 어중이떠중이가 다 모여드는 곳이 되었다. 황제가 승인해 준 교회는 더 이상 자기부인의 장소가 아니었다. 오히려 사회적으로나 정치적으로 입지를 쌓기에 유리한 세속적인 자리가 된 것이다. 그리스도를 본받아 순교라도 마다않을 사람들에게 이제 교회는 세상과 마찬가지로 발을 빼야 할 장소로 비치기 시작했다.

교회는 더 이상 순교하신 그리스도를 만날 수 있는 곳이 아니었다. 이제 그리스도는 어디서 뵈어야 할까? 사람들은 그리스도가 속된 교회가 아니라 광야에 계시다고 생각했다. 신학의 상상력이 새로운 현실과 만나 발휘된 예이다. 그러므로 이제 그리스도와 함께 있기 위해선 광야로 나갈 필요가 있다. 그렇게 광야나 사막으로 나아간 사람들의 전형이 성인 안토니우스(356년경 사망)이다. 흔히 그리스도교 수도 생활의 기원을 안토니우스에 둔다.[1] 하지만 엄밀히 따지면 안토니우스는 그를 전후한 수많은 이름 없는 은둔수도자들의 전형이요 상징적 인물일 뿐이다. 그로 인해서 없던 수도 생활이 생겨난 것은 아니기 때문이다.

안토니우스가 널리 알려지게 된 까닭은 니케아공의회의 승리자 아타나시우스가 기록한 『성인 안토니우스의 생애』라는 책 때문이다. 부잣집 아들로 땅을 많이 물려받은 안토니우스가 수도 생활을 결심하게 된 계기는 "완전한 사람이 되려면 재산을 다 팔아 가난한 사람들에게 주고 너는 나를 따르라"는 복음서 말씀이었다고 한다(마태 19:21). 예나 지금이나 부가 성취의 척도인 마당에 안토니우스는 그야말로 정반대의 인생 방향을 취한 것이다. 만약 안토니우스가 기업처럼 물량주의와 확장에만 목을 매는 현대 교회를 접했다면 다시금 광야로 나갔을 것 같다.

경제지표의 세계와 가난

그리스도교 영성의 역사를 좀 떨어져서 넓게 바라보면, 처음에는

---

1 이는 아타나시우스가 안토니우스의 회심으로 그리스도교 수도 생활이 시작되었다고 기록했기 때문이다. Gabriel O'Donnell, O.P., "Monastic Life and the Search for God," in *Spiritual Traditions for Contemporary Church*, 55.

세상에서 이탈하여 위로만 상승하는 것 같은 움직임을 보이며 진행하다가 점점 다시 땅으로 돌아와 하강하는 것 같은 움직임을 보인다. 푸가 문디fuga mundi, 즉 '세상에서 벗어남'의 코드를 명확히 보이는 것이 안토니우스로 대변되는 수도원 영성의 출현이다. 세상에서 물리적으로 벗어나 독신 금욕생활을 하는 수도 생활이란 명백히 '세상의 게임에서 발 빼기'란 코드를 드러낸다. 그런데 이 코드보다 금욕 자체에 주목하면 좀 얘기가 달라진다. 지금껏도 그리스도교 신앙은 그 금욕적 코드로 인한 폐해가 적지 않다는 비판을 받는다. 즉 인간의 육체성과 성을 무시하고 피안에 몰두한다는 것이다. 그러나 원래 핵심은 세상에 휩쓸리지 않겠다는 것이다. 금욕은 오히려 수단이다.

수도원 영성의 핵심이라 할 푸가 문디, 즉 피세避世에서 가난과 정결, 순명이라는 수도 생활의 원칙들이 잇따라 나온다. 초창기 수도자들은 아예 물리적으로 세상에서 발을 뺐거니와 정신적으로도 세상의 지향과 반대되는 가치를 추구했다. 성서에도 "하느님과 재물을 겸하여 섬길 수 없다"는 말씀이 나온다(마태 6:24). 그만큼 물질적 소유는 예나 지금이나 신과도 경쟁할 만한 인간 욕망의 지향점이다. 수도자들이 '가난'을 원칙으로 삼은 이유는 하느님에게 마음을 모으기 위해서다. 그러기 위해선 더 많이 가지려는 세상의 게임에 휩쓸리지 않아야 한다. 가난은 이 지향을 가리킨다.

그런데 가난은 정의하기가 은근 까다롭다. 어디까지가 가난일까? 수도자들에게 가난이란 무소유를 의미한다. 재속 신앙인들에게는 꼭 필요한 것만 갖는 청빈이 기준으로 제시된다. 꼭 필요한 것도 정의하기가 쉽지 않다. 환경과 상황에 따라 많이 다를 것이다. 여하튼 가난을 규범으로 제시하는 수도 생활이 말해주는 핵심은 '소유에

매이지 말라'는 것일 게다. 부나 소유 자체보다 더 큰 원리가 있어 거기 종속된다면 많은 부라 해도 마음은 거기 매인 게 아니라고 할 수 있다. 반면 외적으로 가난해도 물질에 집착하고 매인다면 그리스도교적 가난이라 하기 어렵다.

요즘 사람들은 뭘 사도 브랜드를 찾고, 명품 백 걸치길 원하며, 집은 없어도 외제 차를 타려고 한다. 집도 본래 거주가 목적이어야 할 장소건만 어느 지역의 얼마짜리냐가 중요하다. 이러한 소비행태를 관통하는 코드가 무엇일까? 과소비를 문제 삼기도 하지만 '과시소비'가 그 핵심이라고들 말한다. 브랜드나 명품, 지나치게 높은 가격 이 모두를 관통하는 것은 '내가 이만큼 소비할 수 있음을 과시함'에 있다는 것이다.

장 보드리야르는 이를 '기호가치'라 했다.[2] 초기 사회는 교환가치가 중요했다. 물물교환을 하면서 이 물건은 저 물건 얼마 만큼에 해당하는 가치가 있다고 헤아렸던 것이다. 지금도 자신이 갖고 있는 중고 물건을 맞교환하자는 거래가 온라인에서 이루어지곤 한다. 이때 내 것은 시가 100만 원에 해당하고 당신 물건은 80만 원에 해당하니 차액을 더 달라느니 하는 식으로 거래가 이루어진다. 이런 교환가치보다 앞선 것이 사용가치였을 것이다. 의자를 만들고 연장을 만드는 건 무엇보다 사용하기 위해서다. 상징가치라는 것도 있다. 손가락에 긴 결혼반지는 난 임자 있는 사람임을 상징한다. 누군가와 이 불투명한 삶과 미래를 함께 하기로 약속했음을 반지가 상징해주는 것이다.

반면 기호가치란 '난 이만한 재화를 소비할 수 있는 사람'임을 드

---

2 리처드 J. 레인/곽상순 역, 『장 보드리야르』 (앨피, 2008), 137.

러낸다. 현대 사회의 신분을 가리키는 기호인 것이다. 백화점에서 비쌀수록 더 잘 팔린다는 말이 나온다. 그 소비행위에는 다른 가치는 들어있지 않고 기호가치만 두드러진다. 과시소비란 기호가치의 구매를 말한다. 특정 지역의 얼마짜리 아파트에 사느냐를 따지는 것도 기호가치에 연루된다. 도무지 비바람을 피하고 편안히 휴식할 수 있는 주거의 실용성과는 거리가 멀고 현대판 신분을 드러내는 기호가될 뿐이다. 이것은 정말 게임이다. 한걸음 떨어져 바라보면 세상의게임은 예나 지금이나 기괴하다.

섹스 아레나가 등장한 현대와 정결

가난과 나란히 등장하는 수도 영성의 덕목은 정결이다. 애초에이 정결은 의미하는 바는 이러저러고 간에 성생활을 하지 않겠다는것이다. 당연히 결혼생활도 가당치 않고 연인관계도 허용되지 않는다. 가난과 마찬가지로 정결 또한 푸가 문디의 산물이다. 물리적으로 세상의 속박을 떠나 사막으로 들어가는 사람들이 포기해야 할 것이 결혼생활이요 성생활이었다. 물론 물리적인 불가피성 때문만은아니다. 로마제국이 성적으로 문란했음은 주지의 사실이다. 오늘날도 성의 분출시대라 하지만 과거에도 그런 시대는 얼마든지 있었다.[3] 바울로의 로마서에서도 엿볼 수 있듯 성의 쾌락을 위해 온갖 기

---

3 성의 역사는 한 방향으로만 진행하는 것이 아니라 보수적인 흐름과 진보적인 흐름이 수십 년에서 수 세기를 주기로 왕복한다. 윤가현,『성, 그 억압과 진보의 역사』(살림, 2006), 17.

괴한 행위들이 만연한 사회였다. 푸가 문디는 물리적 벗어남만이 아닌 정신적 가치의 전복이기도 하다.

물론 그레코로만 문화에서 그리스 형이상학의 영향도 무시할 수 없다. 육체와 감각을 영혼의 감옥으로 여기는 관점에서 성을 부정하는 금욕생활은 영혼의 상승을 위한 수단이다. 초대교회는 그리스도교 신앙이 그리스 철학과 만나 화학변화를 일으킨 시기다. 하르낙 같은 사람이 꼬집는 그리스도교의 헬라화가 진행된 시기인 것이다. 그런 의미에서 독신과 동정에 대한 다분히 헬라화된 이상이 초대교회에 있었음은 부인할 수 없다. 그러나 수도 영성의 핵심인 푸가 문디의 관점에서 결혼 및 성생활의 포기는 무엇보다 당대 세상의 게임에 대해 노No를 선언하는 것이다.[4]

사회학자 에바 일루즈는 『사랑은 왜 아픈가』에서 현대 사회의 무의미성을 분석한다. 지금 우리가 사는 세상은 의미 있는 삶을 살기가 무척 어려운 세상이라는 것이다. 너무나 자아 충족적이어서 자기도취적인 세상이기 때문이다. 거기엔 헌신이라는 것이 없다. 헌신이란 자기보다 큰 것에 자신을 바치는 것이다. 신성한 것에 대한 열정과 황홀이 사라진 세상이다. 신성한 것에 대한 열정과 황홀에 해당하는 그리스도교적 표현이 "주 너희 하느님을 사랑하되 마음을 다하여 사랑하라"일 것이다(마태 22:37). 이념에 극렬하게 헌신하는 듯이 보이

---

4 물론 오늘날 성 분출의 대학문화 내에서 노 섹스를 선언하는 문화로 순결문화purity culture라는 것도 있다. 수도원 환경의 노 섹스와 일반사회의 노 섹스를 평면 비교하여 동일시하기는 곤란하다. 이 주제에 관한 논의를 보려면 Donna Freitas, Sex & The Soul (Oxford University Press, 2010)에서 4장 "Evangelical Purity Culture"를 보라.

는 사람들도 내막을 들여다보면 그저 자기애적으로 권력투쟁에 동원하고 있을 따름이다. 자신을 초월하는 무엇으로서가 아니라 그저 자기이익에 종속된 도구일 뿐이다. 그런 점에서도 에바 일루즈가 밝히는 헌신이 없어 무의미한 세상이라는 분석은 울림이 있다.[5]

그런데 오늘날 미디어를 살펴보면 로맨틱 러브에 강박적이리만치 집착한다. "요즘은 남녀가 만나 불꽃이 튀는 처음 5분간만을 사랑이라고 한다"는 말도 현대 사회의 로맨틱 러브 집착을 꼬집는 것이다. 왜 그토록 로맨틱 러브를 원할까? 세상의 헌신 없는 무의미성, 그 열정도 황홀함도 없음의 탈출구를 로맨틱 러브라고 생각하기 때문이다. 그러고 보면 로맨틱 러브는 자기애적 현대 사회가 아는 유일한 자아 초월적 헌신의 발로일 것이다. 신성함에 대한 열정과 황홀함을 잠깐이라도 맛볼 수 있는 곳. 사랑에 빠졌다! 주술에 걸렸다! 문제는 이 로맨틱 러브의 주술은 오래 가지 않는다는 점이다.

에바 일루즈는 '에로스 자본'을 말한다.[6] 현대 결혼시장은 '섹시함'을 등장시킨 것이 특징이라고 한다. 역사적으로 결혼시장은 당대 사회가 중시하는 가치를 중심으로 형성되는 법이다. 같은 신분끼리, 비슷한 계층끼리 결혼하는 결혼시장의 질서는 여전하다. 그런데 섹시함은 사회계층과 필연적으로 중첩되는 것이 아니다. 현대 결혼시장의 위계를 훼손하면서 신데렐라 같은 결혼을 가능케 하는 자본이 섹시함이다. 이러한 에로스 자본을 포함해서 결혼시장이 형성되었

---

5 에바 일루즈/김희상 역, 『사랑은 왜 아픈가』 (돌베개, 2013), 21-24.
6 에로스 자본축적 전략은 남성과 여성이 다르다. 남성은 얼마나 많은 여자와 섹스를 했느냐는 양적기준으로 자부심을 갖는다. 반면 여성에게 에로스 자본은 사회적 지위와 부를 획득할 기회, 즉 경제자본의 일부가 된다. 같은 책, 110-113.

다는 것이 현대 사회의 특징이다.

얼핏 현대 사회의 로맨틱 러브나 결혼시장에도 사랑에 빠지는 것과 같은 주술적인 면이 있어 보인다. 하지만 현대는 과학기술의 발달로 성형을 통해 외모가 획일화된다. 게다가 일루즈의 분석에 의하면 현대는 섹스 그 자체만을 목적으로 하는 섹스 아레나sex arena가 출현한 사회다. 과거에 섹스는 결혼이나 장기적 관계의 틀 안에서만 나누는 것이었다. 하지만 지금은 섹스만이 목적인 장이 출현한 시대라는 것이다. 섹스 아레나에서 남성이 갖는 에로스 자본이란 얼마나 많은 여성과 섹스를 했느냐이다. 여기엔 의미 있는 유대감, 진정한 친밀감에 기초한 관계라는 것이 없다. 다시금 이런 세상의 관계란 상품화되고 탈주술화된 무의미성으로 전락한다.[7]

영성은 정의하기 까다로운 단어다. 하지만 그리스도교에는 신과 나누는 관계성 자체를 영성으로 정의하는 방식이 있다. 성서에서 하느님에 대한 정의는 무척 간단하다. 하느님은 영이시라는 것(요한 4:24)과 하느님은 사랑이시라는 것(1요한 4:8)이다. 그러므로 '영'과 '사랑'은 호환이 가능하다. 그런데 사랑이란 그 자체로 관계성을 담은 말이다. 토마스 아퀴나스보다 한 세기 전 사람인 성 빅토르의 리샤르는 사랑의 개념을 핵심으로 삼위일체를 설명한다. 즉 신이 사랑이시라는 건 곧 존재의 근원이 관계성이라는 말이다. 사랑하는 자와 사랑 받는 자가 우선 필요하다. 그리고 그 관계의 기쁨은 흘러넘쳐

---

7 "…아마도 가장 분명하게 드러난 효과는 섹스를 결혼이라는 틀로부터 떼어내 그 자체가 목적인 양 정당화해버린 것이다. 이런 떼어냄은 감정생활과 분리되어, 갈수록 오로지 그 자체를 중심으로 이뤄지는 성생활로 체험되는 '성경험'이라는 범주의 출현에서 분명하게 드러난다." 같은 책, 99.

누군가와 나누고자 한다.8 사실 창조나 구원의 사역도 이러한 흘러 넘침으로 파악할 수 있다. 그런데 이 설명은 그대로 관계적 존재로서 인간에게 적용된다. 신의 형상대로 지음 받은 인간도 홀로 "독처하는 것이 좋지 않고"(창세 2:18) 나와 너의 관계성에서 만족하는 존재다. 그리고 계속해서 관계의 기쁨을 넓혀가는 그런 존재인 것이다. 이는 의식의 확장이자 사랑, 영의 확장이다.

그러므로 영성을 신성이라 하고 이 신성을 리샤르의 설명처럼 사랑의 관계성으로 이해하면 인간의 관계성 역시 곧 영성의 표현으로 말할 수 있다. 사랑의 관계라 해서 달콤하지만은 않다. 관계란 타자와 마주하는 것이다. 그리고 서로를 대체 불가능한 고유한 존재로 알아나가고 수용하는 것이 관계다. 그런데 타자와 대면한다는 것은 자아에게 불편하거나 불쾌하고 때론 재앙과도 같다. 사르트르는 '타인이라는 이름의 지옥'이라는 표현을 썼다. 무언가 늘 자기부인, 자기비움이 있어야 타자와의 관계는 유지된다. 그런 속에서 서로는 서로를 대체할 수 없는 존재로 대한다. 하지만 현대 사회의 섹스장에 그런 관계는 없다. 자아의 불편함을 견딜 이유도 없고 그저 하나의 고깃덩이를 다른 고깃덩이로 대체하면 그만이다.

일루즈의 시선에 비친 현대 사회는 다시금 수도원 영성이 '정결'이라는 가치로 발을 빼는 것이 좋았던 세상과 크게 다르지 않다. 그런 세상에 복음주의 일각의 노 섹스 정결문화purity culture로 대응하는 것은 너무 평면적이다. 앞에서 진정한 초월은 하위차원을 죄다 끌어안고 넘어서는 것이라 했다. 그런 의미에서 인간의 육체성과 성을 모

---

8 김진혁, 『신학공부/하나님과 세계』 (예책, 2017), 108.

두 긍정하고 포함하는 방식이 필요하다. 그것은 진정한 열정과 헌신, 로맨틱 러브의 덧없음을 넘어서 지속적으로 타자와 대체 불가능한 관계를 수립해나가는 것이다. 섹스를 포함하되 그 자체보다 큰 친밀 감과 헌신의 관계에 담아 나누는 것이다. 이것이 오늘날에 재정의, 재해석한 수도원 영성의 정결일 것이다.

더 높은 가치를 상실한 세계와 순명

가난과 정결이라는 덕목 외에 수도원 영성은 순명 또한 강조한다. 개인의 자유와 권리를 강조해마지않는 현대인의 시선에 무척이나 고리타분하고 전근대적으로 들리는 덕목이다. 지난 반세기 모든 권위를 해체해온 마당에는 더욱 그렇다. 모든 구별은 차별로, 모든 권위는 억압으로 받아들여지는 세상이다. 무차별적 평등주의가 만연한 세상에서 어떤 권위에 순명한다는 것은 시대착오적으로 들린다. 역설적이게도 억압적 권위에 저항한다며 앞문을 닫아건 것이 누구의 말도 듣지 않는 자기애, 자기도취가 밀려드는 뒷문을 활짝 연 형국이긴 하지만 말이다.

순명의 대상이 단순히 상급자나 교회일 때 현대인의 의심은 일리가 있다. 하물며 무조건적 순명이라니. 그러나 수도원 영성이 푸가문디로서 세상의 흐름과 게임에 맞서는 가치를 말해준다 할 때 순명 또한 우리에게 해줄 말이 있다. 현대 사회는 환원될 수 없는 개별성을 존중하겠다고 한다. 요즘 회자되는 페미니즘만 해도 듣자하니 열명의 페미니스트들에겐 열 개의 페미니즘이 있다고 한다. 누구도 누구와 같지 않은 개별성을 존중하겠다는 통찰을 그렇게 표현하는 모양이다. 문제는 그 개별성들이 무차별 평등주의의 바탕 위에 일차원적으로 배열된다는 데 있다. 누구도 누구보다 우월하지 않다는 분별포기가 나는 누구의 말도 듣지 않겠다는 독단과 자기도취로 귀결되는 것이다. 결과적으로 고집스런 세 살짜리들이 넘쳐나는 세상이 되었다.

둘만 만나도 너도 머리를 숙이고 나도 머리를 숙여야 하는 모종의 초월성이 있어야 소통이 가능하다. 공감과 유대는 소통에서 나온다. 그러나 작금의 세상은 저마다의 독단으로 웅성거리는 시장처럼 시끄럽다. 그 많은 소리 중 어느 것도 권위를 갖지 못한다. 그저 극렬하게 외쳐대는 소음의 뒤엉킴만 있을 뿐이다. 누구도 자기 외에 머리 수그려 순명하지 않는다. 자신보다 더 큰, 그래서 자신을 거기 견주어 교정하거나 수그려 헌신할 초월적 가치가 없다. 지금은 저마다 신이 된 시대다. 환원될 수 없는 개별성에 대한 존중이 세심하고 민감한 더 큰 배려의 의식으로 진행되었어야 맞다. 하지만 독단과 자기도취의 도덕적 미숙함으로 진행되면서 탈근대는 길을 잃은 것으로 보인다.

여기서 다시 '그리스도를 본받음'이라는 주제를 떠올려보자. 사실 이 주제는 그리스도교 영성사를 관통하는 주제다. 시대마다 그 변주곡이 있었을 뿐이다. 복음서는 그리스도를 자신이 아니라 아버지 중심으로 사신 분으로 말한다. 한 마디로 그는 순명하며 살았다. 자기보다 큰 무엇에 대한 고개 숙임으로 산 존재다. 그런데 예수 그리스도는 자신을 일러 '사람의 아들'이라 했다. 성서의 언어 용법에서 'ㅇㅇ의 아들'이란 ㅇㅇ이 그 사람의 본질이요 핵심, 정수라고 말하

는 방식이다. 예컨대 악마는 거짓의 아비고 거짓된 사람들은 악마의
자녀들이다. 예수가 자신을 사람의 아들이라고 말하는 방식은 자신
이 참사람이라고 밝히는 것이다. 동양식으로 말하자면 자신을 진인
眞人이라 한 것이다.

　　인간으로 산다는 것은 늘 자신보다 큰 것에 헌신하고 순명하면서
사는 것임을 그리스도는 보여준다. 그 초월성에의 순명이 없을 때 인
간은 타락한다. 당대의 종교인들을 예수가 참을 수 없어 했던 까닭은
그들이 자신들의 이익 외에는 아무 머리 숙임이 없었기 때문이다. 그
래서 그들을 위선자요 회칠한 무덤이라고 했다. 겉에 표방한 것이 속
에 살아있지 않은 사람들이다. 무덤은 집이 아니다. 누구도 무덤에
들어가 살지 않는다. 이념이 극렬할수록 그 이념의 정신 안에 사는
사람은 드물어 보인다. 오히려 스스로도 믿지 않기 때문에 더 극렬하
다는 말이 옳아 보인다.

　　예수 연구자들은 예수를 일러 '영의 사람', '사랑의 사람'이라고 표
현하곤 한다.9 다시금 성서가 신을 정의할 때 쓰는 '영'과 '사랑'이 그
의 본질이자 정수였음을 밝히고 있는 것이다. 그런 의미에서 그는 하
느님의 아들이었다. 동시에 참사람이었다. 칼케돈 공의회가 451년
예수 그리스도는 참하느님이자 참인간이었다고 교리의 표준을 정한
것은 이것을 말하는 것이다. 헬라철학의 개념과 범주로 설명하려든
것이 이후 지나치게 관념적 사변으로 흘러 사람들의 불평을 사긴 했
다. 하지만 초대교회의 입장에서는 당대의 언어로 말이 되게 잘 이해

---

9 예수세미나 학자인 마커스 보그는 현자와 예언자인 예수는 무엇보다 영의 사람이었
　다고 말한다. 마커스 보그/김기석 역,『예수 새로 보기』(한국신학연구소, 1997),
　66 이하를 보라.

하고 싶었을 뿐이다. 이렇게 신학은 당대의 언어에서 개념을 구성한다. 성서의 증언 자체로 눈을 돌리면 훨씬 소박하고 강렬한 메시지를 들을 수 있다. 자신보다 더 높고 큰 것에 늘 머리 수그려 살았던 순명의 존재 예수는 모든 사람들의 표상인 참사람이었다고 말이다. 예수가 참신이자 참인간이었다는 말은 신성 혹은 영성이 인간성과 나뉘는 게 아님을 말해준다.

그리스도교 수도자들이 이 순명의 사람 예수를 본받고자 했다. 다시금 말하지만 여기서 그리스도를 본받음이란 자기초월성이 있어야만 인간은 참으로 인간답다는 핵심 메시지에 대한 그리스도교적 표현이요 정체성이다. 학생이 공부를 하고 직장인이 월급을 받는 행위에도 그 자체보다 큰 맥락이 서사로 존재하지 않으면 무의미의 위협 아래 놓인다. 추운 새벽에 차도를 청소하는 다소 위험해 보이는 일을 하는 이도 거기엔 자신보다 큰 무엇이 있다. 가족을 먹여 살리려는 돈벌이요 밥벌이라고 할 때 고달파도 거기엔 숭고한 무엇이 있다. 가히 인간에 대한 애정 때문에 그 일을 한다고 할 만하다.

같은 일을 하더라도 이러한 지향을 발견할 필요가 있다. 공부도 그저 자기 출세만을 위한 행위일 때 천하다. 자신의 성장이 남을 이롭게 하는 것과 둘이 아니어야 한다. 물론 사람은 자신이 누구고 무얼 하고 살아야 할 사람인지 알고 그걸 펼치며 살아야 한다. 그런 의미에서 인생은 자신을 표현하고 향유하는 데 뜻이 있다고 할 수 있다. 하지만 이 자기실현과 표현은 자기보다 큰 것을 위한 헌신의 맥락에 놓일 때 의미가 커진다. 자기초월과 자기실현은 서로 맞물린다.

예수 그리스도를 본으로 하는 그리스도교 영성의 인간상은 자신과 남을 두루 위하는 존재가 되는 데 있다. 지금 하고 있는 일을 초월성에의 순명으로 파악할 필요가 있다. 남을 위한 삶이 내 인생의 본업이 되게 하는 것이 그리스도교적 인간이다. 남을 위할 때 자신도 온전해진다. 나아가 그것이 신과 함께 있을 수 있는 길이기도 하다. 하느님은 사랑이시기 때문이다. 신을 본 사람이 없지만 사랑하는 자는 이미 신 안에 있다는 것이 성서의 증언이다(1요한 4:12). 하느님 사랑과 인간 사랑을 둘로 가르지 않는 그리스도교는 인간을 우회해서 신에게 갈 수 없다고 말하는 종교다.[10]

---

[10] 예수는 구약의 많은 율법을 하느님 사랑과 이웃사랑으로 요약했거니와 제자들에게 남기는 고별사에서 '서로사랑'을 말한다(요한 13:34-35). 그러므로 예수의 최종 어휘는 인간 사랑이고 거기서 신을 향한 사랑마저 통합된다고 볼 수 있다.

제2부

〈목적지〉

그리스도교 영성의
기본 다시 보기

5 장
탁발수도회 영성
: 새로운 상상력과 섬김

베네딕토 수도원 공동생활의 교훈

그리스도교 영성의 역사에 처음 수도원 운동은 개인 은둔수도자 중심으로 전개되었다. 앞장에서 언급한 안토니우스가 그 대표적인 인물이다. 하지만 5세기경에 이르러는 한 곳에 모여 공동생활을 하는 수도원 형태가 널리 호응을 얻게 된다. 베네딕토가 만들어 서방에 널리 퍼뜨린 것이 바로 그러한 공동생활 수도원이다. 그리스도교 영성 전통에서 무척 중요한 역사이지만 따로 한 장을 할애하기보다 간략히 그 현대적 의의를 언급하고 넘어가기로 하자.

그리스도교 영성 역사의 앞부분에서는 세상의 중력에 다소 개별적으로 대항하는 형태를 보였다고 할 수 있다. 개개인이 일반 사회에서 발을 빼고 사막이나 광야로 가 개별 은둔생활을 했으니 말이다. 그러나 베네딕토의 공동생활 수도원은 이제 공동체를 만들어 세상에 맞서는 형태이다. 푸가 문디라는 수도 영성의 원리를 베네딕토는 공동생활과 관계망이라는 새로운 패러다임으로 전개하고 있는 셈이다.

언젠가 착취자 세포에 관한 동영상을 본 적이 있다. 건강하게 자기 일을 하는 세포들 틈에 착취자 세포가 끼어들자 얼마 지나지 않아 건강한 세포들은 힘을 빼앗기고 온통 착취자 세포들로 가득하게 되는 과정을 그 동영상을 보여주었다. 이렇게 남의 에너지를 빼앗아 이용하는 착취자 세포들 틈에서 개별 세포들은 수가 많음에도 별반 저항하지 못하고 흡수되어 버렸다. 하지만 건강한 세포들끼리 연결망을 구성한 공생세포들은 착취자 세포들에 효과적으로 저항하며 살아남고 심지어 이겨내기까지 한다. 베네딕토 수도원은 공생세포다. 건강한 우정과 친밀감으로 관계망을 이룬 공동생활 수도원은 착취자 세포 같은 세상에 효과적으로 대항한다. "보라, 내가 세상을 이기었다"(요한 16:33)는 예수의 말씀처럼 그들은 공동생활을 통해 세상을 이기는 힘을 발견한다.

착취자 세포 동영상과 같은 장면은 대학 사회에서도 목도할 수 있었다. 수적으로 훨씬 다수지만 개별화, 파편화 된 학생들은 특정 이념을 중심으로 집단화, 세력화해서 권력투쟁을 하는 집단들 앞에 몹시도 무력했다. 젊은 학생들이 어디서 그런 정치게임을 습득했는지 경악스럽기까지 했다. 어떤 사건의 가해자와 피해자로 지목된 학생들이 있었다. 학내 어떤 이념집단이 이를 이슈화해서 자기네 권력투쟁의 수단으로 삼았다. 사실관계를 서슴없이 왜곡하는 가짜뉴스까지 생산해서 SNS에 유포했다. 마침내 그들은 자신들의 정치적 목표를 달성했다. 정작 당사자들은 이용당했다는 쓰라린 느낌만 안고 뒤에 덩그러니 남겨지더라고 했다. 진실에 아랑곳하지 않고 서슴없이 가짜뉴스를 만드는 학생들은 가히 진실이 따로 없다는 탈근대교육의 후예들다웠다. 그리고 그들은 정말 착취자 세포 같았다.

어째서 수적으로 더 많은 학생들이 저런 집단들에 휘둘리는 걸까 의아했다. 가만 보니 거짓을 무기 삼는 세력에 대항하려면 서로 연대하고 결집할 수 있어야 하는데 그러질 못했다. 서로 자신의 속내를 열어 보일 만큼의 신뢰관계를 학생들은 맺지 못하고 있었다. 진정한 우정과 친밀감으로 연대하는 공생세포 같은 면이 그들에겐 없었던 것이다. 그저 자신이 먹잇감으로 표적이 되지 않기만 바라는 초식동물 무리처럼 이리저리 몸을 사릴 따름이다. 거기에 비하면 이념집단들은 협동하여 표적을 쓰러뜨리는 하이에나 무리처럼 사냥에 능했다.

베네딕토의 공동생활 수도원은 세상에 효과적으로 맞서려면 우정과 연대가 필요함을 말해준다. 그러나 지금껏 교육 현장은 아원자처럼 개별화되어 무한경쟁에 내몰리며 생존하는 법을 익히게 했다. 물론 지금 우리가 수도원에 들어가 공동생활을 나눌 수는 없다. 그러나 그 원리를 기억하고 진정한 친밀감과 우정에 기초한 관계망을 만들고자 할 수는 있다. 탈진실의 시대에 진실한 우정과 신뢰의 관계망은 어느 때보다 필요해 보인다. "여러분의 원수인 악마가 우는 사자 같이 삼킬 자를 찾아 두루 다닙니다"(1베드 5:8). 악마의 성서적 정의는 거짓이다. 거짓을 부끄러워할 줄 모르는 착취자들이 하이에나처럼 먹잇감을 찾아 배회하는 세상이다. 이들은 자신들의 힘과 세력을 위해서는 그 누구도 이용하고 조롱하고 착취할 수 있다. 공동생활을 하듯 공감하며 연대하는 우정의 공생관계라야 이런 세상에 맞설 수 있다.

탁발수도회는 새로운 상상력의 등장

8세기에서 11세기에 이르기까지 수도원은 번성했다. 그 번성이 독이 되어 수도원은 세상과 구별이 가지 않았다. 푸가 문디의 정신은 공염불이 되었다. 소금이 짠맛을 잃은 것이다. 5세기 베네딕토의 수도원은 등불이었다. 하지만 이제 등불은 희미해지고 기름이 떨어졌다. 그런데 역사는 예기치 않은 데서 쇄신의 기운을 일으킨다. 느닷없이 탁발수도회가 나타나 중세 후기를 밝히고 길을 보여주었다. 탁발수도회의 창시자 프란치스코 같은 사람이 한 세기에 한 명씩만 나타나도 인류는 죄다 구원받을 거라 말할 정도의 인상 깊은 영향력을 프란치스코와 탁발수도회는 발휘했다.

탁발수도회가 등장한 13세기의 유럽은 어둡고 음울했다. 사람들은 불안했고 혼란과 두려움이 만연했다.[1] 13세기가 시작되면서 벌어진 제4차 십자군(1202~1204년)은 유럽 문명 최대의 재앙이었다. 교황 인노첸시오 3세의 촉구로 시작된 이 십자군은 원래 이집트의 이슬람 세력을 공략하는 게 명분이었다. 하지만 이 십자군은 엉뚱하게도 이슬람이 아닌 비잔티움제국을 공격했다. 명분과 다른 세속적

---

1 Gabriel O'Donnell, O.P., "Mendicant Spirituality," in *Spiritual Traditions for the Contemporary Church*, 84-85.

인 정치 경제적 목적 때문이었다. 이들은 1204년 비잔티움제국의 수도 콘스탄티노폴리스를 침공하여 처참하고 무자비하게 도시를 유린했다. 그리고 수많은 문화재와 보물을 약탈하고 파괴했다. 단일사건으로 이렇게 문명에 흠집을 낸 사건도 달리 없었다.

양두구육羊頭狗肉의 사건이었다. 지금도 명분과 거짓의 가증스런 조합은 흔하게 목도할 수 있다. 『거짓의 사람들』을 쓴 마이크 스캇펙은 그런 거짓의 사람들이 많이 몰린 데로 교회, 사회복지, 교육의 영역을 꼽았다. 13세기의 교회와 수도원은 거짓의 사람들이 장악해 양두구육의 일을 수없이 벌일 때였고 사람들은 길 잃은 양떼 같았다.

기존 사회질서가 급격히 변하고 있었다. 중세 유럽에서 도시가 발달하게 된 사정은 사실 상인과 수공업자들이 힘이 세져 자기네 거주지에 성곽을 두르고 봉건제후의 말을 듣지 않으면서 시작된다. 이 성곽을 부르그라 했고 그 안의 거주민을 부르주아라 한 것이다. 부를 갖고 성곽 내에 살 수 있었던 사람들이 부르주아다. 이들은 도시민과 자본가들의 조상이 되었다. 물론 상인과 수공업자들이 그렇게 부를 축적하고 힘을 갖게 된 데는 십자군전쟁으로 동서 교역이 증가한 탓도 컸다. 여하튼 종래의 질서와 권위가 먹히지 않는 사회에서 사람들은 많이 불안했다.

본디 중세봉건제의 근간인 장원경제는 자급자족적이었다. 이게 무너지게 된 것이다. 농업의 발달로 잉여농산물이 많아진 사정도 새로운 시장생성에 기여했다. 남아도는 걸 어떻게든 거래해야 했기 때문이다. 이래저래 봉건제의 폐쇄된 세상은 무너져 내리고 있었다. 아울러 새로운 활동과 상상력의 영역이 열리고 있었다. 탁발수도회의 탄생은 이러한 세계의 지각변동과 관련이 있다.

사실 봉건제 아래 중세 사람들의 삶이란 답답한 감옥 같은 면이 있다. 좁고 경직된 세계였다. 저마다 고정된 역할을 하면 그만인 세계였다. 현대인이 몹시 중시하는 사생활 같은 건 없었다. 개인만의 공간 같은 건 없었고 사람들은 서로 집안에 누가 뭘 하는지 훤히 알면서 지냈다. 13세기에 불어 닥친 변화의 바람은 사람들은 불안과 두려움에 빠지게도 했지만 그 속엔 새로운 가능성과 상상이 열리고 있었다.

부富보다 섬김으로 산 프란치스코

13세기 프란치스코 성인의 등장은 그 시대를 관통하는 문화적 현상이 되어버렸다. 영성의 역사에 등장하는 역설이 전혀 그럴 것 같지 않은 인물이 예기치 않게 주인공이 되는 일이다. 프란치스코 역시 무척 낭만적인 젊은이로서 여자들을 쫓아다니던 그저 그런 속물이었던 걸로 그려진다. 하지만 어느 순간부터 이 젊은이가 하늘의 별을 바라보며 황홀경에 빠졌다. 변성의식을 자주 경험하면 뇌가 바뀐다. 그러면서 인격도 변화된다. 가슴에 두 손을 교차하고 하늘을 우러러 황홀한 눈길을 보내는 프란치스코 성화는 그의 잦은 변성의식 경험을 가리키는 것이겠다.

그렇게 기도를 경험하면서 다른 사람이 되어가던 프란치스코는 어느 날 하느님의 음성을 듣는다. "가서 내 교회를 다시 세워다오." 프란치스코는 동네의 허물어진 다미아노 성당을 다시 지으란 말인 줄 알고 가서 낑낑대며 돌을 나른다. 그걸 본 동네의 사제는 아마 이전의 속물 프란치스코에 대한 인상이 남았던 듯하다. 대체 하느님이 자네 같은 사람에게 뭘 바라신다는 말이냐고 그를 조롱한다. 그러자 프란치스코는 하느님이 아니라 내가 하느님께 모든 걸 걸었다고 대답한다. 이 대답은 사제를 부끄럽게 한다.

훗날 밝혀진 바는 프란치스코가 다시 세울 교회는 동네 무너진 성당이 아니라 당대의 교회였다. 그로 인해 유럽의 교회 전체가 새로워졌기 때문이다. 전설 같은 이야기가 있다. 교황이 어느 날 악몽을 꾼다. 성베드로성당이 기울어지는데 주위의 사람들이 아무도 거기 관심을 기울이지 않는다. 교황 혼자 애가 타서 소리를 지르는데 어디서 거지 하나가 나타난다. 그는 무너지는 베드로성당을 어깨로 받쳐 무너지지 않게 한다. 교황은 식은땀을 흘리며 깬다. 그런데 하필 그날이 프란치스코가 자신의 탁발수도회 승인을 받기 위해 교황을 알현하러 온 날이었다. 그리고 교황은 프란치스코를 보자 꿈속의 거지가 그였음을 알아보았다. 교황은 어째서 수많은 추기경과 대주교, 수도원장들이 아니고 초라한 그가 교회를 구할 사람이라는 건지 의아해 한다.[2]

프란치스코가 탄생시킨 탁발수도회를 작은형제회라 한다. 탁발이란 집집마다 다니며 동냥하는 일을 말한다. 탁발수도회는 기본적으로 이동하는 수도회다. 복음서에서 여기저기 다니며 사람들을 고치고 가르침을 주었던 예수를 본받는 것이다. 그 중에서도 도미니코회는 가르치고 설교하는 예수에, 프란치스코회는 가난하고 병든 이

---

2 니코스 카잔차키스는 교황의 꿈에 관한 이 유명한 일화를 소설에 담았다. 니코스 카잔차키스/오상빈 역, 『위대한 성자 프란체스코』(애플북스, 2007), 330-34.

들을 섬기고 치유하는 예수에 주목했다. 프란치스코가 취한 방향은 낮은 자들의 자리로 내려가 봉사하는 것이었다. 마치 허리를 묶고 몸을 숙여 제자들의 발을 씻기신 예수처럼 말이다.

자신들을 필요로 하는 어느 곳이나 달려가 봉사하길 원한 프란치스코의 작은형제회는 타인의 친절과 환대를 생존의 바탕으로 삼았다. 이들에게 영향을 준 복음서의 구절은 "너희는 다닐 때 돈주머니도 식량 자루도 신도 지니지 말라"는 말씀이다(루가 10:4). 물론 "네가 완전한 사람이 되려면 네 재산을 다 팔아 가난한 사람들에게 나눠 주어라, 그러면 네가 하늘에서 보물을 얻을 것이다, 그리고 와서 나를 따르라"는 말씀도 큰 영감의 원천이었다(루가 18:22). 이 구절은 그리스도교 수도원 운동의 시조로 불리는 안토니우스에게 영감을 준 말씀이기도 하다. 탁발수도 생활이란 13세기에 등장한 새로운 형태이긴 하지만 수도 생활의 무소유 정신은 그대로였다.

흔히 우리는 소유를 안전망으로 삼고 살아가고자 한다. 그런데 수도자들의 가난이란 기본적으로 무소유가 원칙이다. 수도원이 세상의 어느 기관보다 부유할 때도 없지 않지만 원칙적으로 그러하다. 재물과 소유 대신 하느님을 안전망으로 삼고 살아가겠다는 선택이다. 어찌 보면 산 입에 거미줄 치랴 하는 막무가내식 전략 같아 보인다. 남에게 얹혀 지내겠다는 무책임으로 볼 수도 있다. 하지만 쌓아 놓은 재물에 의지하기보다 하느님을 의지하여 탁발로 연명한다는 것은 인생에 대한 근본적인 신뢰와 관련이 있다. "먼저 그 나라와 그 의를 구하라, 그리하면 이 모든 것이 너희에게 더해지리라"(마태 6:33).

탁발수도가 의존적인 삶의 방식을 정당화하는 것이라 여겨서는 곤란하다. 오히려 삶에서 가장 중요한 것에 집중하기 위한 우선순위의 문제로 보는 것이 옳다. 중요한 것은 더 중요한 것의 적이고 더 중요한 것은 가장 중요한 것의 원수라는 말이 있다. 주위를 둘러보면 다들 나름 중요하다고 여기는 것을 붙들고 살아간다. 그러나 거기 매몰되어 더 중요한 것을 못하고 가장 중요한 것의 비전을 상실한 채 인생이 흘러가기도 한다. 내가 아는 어떤 이는 부모 없는 고아들에게 봉사하기 위해 돈을 벌겠다더니 평생 돈 버는 일에 매몰되어 씨름하다가 은퇴했다. 누가 돈벌이, 밥벌이를 얕잡아볼 수 있겠는가. 그러나 사람이 빵으로만 사는 게 아니라는 그리스도교의 가르침은 빵의 중요성을 인정하면서 거기에 뭔가 더more 있어야 인간다움이라고 말하는 방식이다.

대승불교는 완성된 인간형을 보살에서 찾는다. 보살이란 상구보리上求菩提 하화중생下化衆生, 즉 위로는 깨달음을 추구하고 아래로는 중생을 구제하며 사는 존재를 말한다. 그리스도교는 위로 하느님을 사랑하고 아래로 동료인간을 사랑하라고 말한다. 둘 다 남을 위한 인간이 되라고 말하는 셈이다. 그런 점에서 대승불교와 그리스도교는 무척 닮아 보인다. 그 '남을 위함'이 프란치스코의 탁발수도회처럼 가난하고 병든 이들을 섬기는 일로만 표출될 필요는 없다. 레비나스가 『타인의 얼굴』에서 말하듯 우리 주위에도 고아와 과부, 이방인들은 있다. 그들에게 응답하고 그들을 섬기면 되는 것이다.

프란치스코의 탁발수도회가 중세 젊은이들에게 큰 호응을 얻은 데에는 이 수도회의 이동성이 답답한 감옥 같은 중세 생활의 탈출구였다는 면도 작용했다. 지각변동을 일으키며 넓어진 세계로 나아갈 활로를 그들은 탁발수도 생활에서 본 것이다.[3] 우리나라만 해도 조

부모나 부모세대만 하더라도 세계는 산과 강의 경계로 둘러싸인 마을 정도였다. 그 너머는 '우리' 아니 '타자'의 공간이었다. 그 너머에서 온 외지 사람은 경계의 대상이다. 중세의 세계란 그와 비슷하다. 그런데 이동하고 순회하며 남을 위해 의미 있게 살 수 있다는 것은 중세 젊은이들로선 숨통이 트이는 것과 같은 경험이다.

불과 한 세기가 채 지나기도 전에 탁발수도회는 유럽 전역에 없는 곳이 없게 된다. 이토록 광범위한 호응을 얻은 이유는 물론 그 창시자가 프란치스코나 도미니코 같은 빼어난 인물이었기 때문이다. 하지만 하나의 문화현상이 되리만치 넓은 파급력을 발휘한 데는 이들의 운동이 시대의 욕구 및 정신과도 맞아떨어졌다는 이유도 크다. 그야말로 시대의 바람이 분 것이다. 프란치스코와 도미니코의 탁발수도회는 그 바람을 타고 항해한 배와 같다.

공부가 진리와 섬김의 수단이었던 도미니코

프란치스코의 소박한 분위기에 비하면 도미니코는 보다 지적이고 학문적인 분위기를 풍긴다. 그는 처음부터 성직자가 될 사람으로서 당대 최고의 교육을 받은 인물이다. 가톨릭의 두뇌라는 도미니코회의 지적인 분위기는 애초에 도미니코 개인에게서 비롯된다. 토마스 아퀴나스도 도미니코회에 속한 인물이다. 그는 베네딕토회에 들어갈 것을 기대한 가족을 실망시켜 가면서 도미니코회에 들어갔다

---

3 O'Donnell, "Mendiacant Spirituality," 87.

고 한다. 아무튼 도미니코는 스페인 발렌시아 대학에서 공부하였다.

그런데 당시 교회는 카타리파라는 이단 때문에 골치를 앓고 있었다. 이들은 워낙 엄격한 금욕생활을 했기 때문에 사치하고 방탕한 당대의 교회로서는 이들을 설득할 만한 도덕적 권위를 갖지 못했다. 대중들이 보기에도 이는 마찬가지여서 때론 교구 전체가 송두리째 카타리파에게 넘어가는 경우도 있었다고 한다. 물론 교회는 교리나 신학으로 논박을 안 하는 건 아니지만 그것만으로는 역부족이었다. 권위를 뽐내기 위해 화려한 행렬로 다가가기도 했지만 소용이 없었다. 문제는 말이 아니라 삶이었다. 삶으로 뒷받침되는 권위가 없는데 말이 무슨 소용이랴. 도미니코는 그런 현실을 정확히 이해하고 있었다. 이전에 자기 주교를 모시고 다니면서 그런 현실을 자주 목도했기 때문이다.[4]

도미니코가 세운 탁발수도회도 프란치스코회나 마찬가지로 가난했다. 그리고 엄격한 수도 생활을 했다. 물론 도미니코회는 처음부터 이단을 논박해서 바른 신앙으로 되돌리려는 설교자 집단이었기 때문에 교육의 수준이 높았다. 도미니코회는 중세 유럽의 대학도시들에 설립되었다. 처음부터 이 수도회는 자기네 구성원들에게 높은 지적 수준을 요구했다. 거기에다 카타리파 못지않은 엄격한 금욕생활이 더해진 것이다. 도미니코회가 당대 교회가 감당하지 못한 일을 할 수 있었던 건 그런 연유에서였다.

오늘날도 이단들이 더 열심 있고 성서도 더 잘 아는 경우가 많다. 그런데도 정통이라는 교회들이 이들을 어쩌지 못한다. 이들을 논박

---

4 Ibid., 93.

할 만한 지식 수준도 문제지만 교회의 삶에서 우러나오는 도덕적 권위가 실추된 까닭이기도 하다. 앎으로도 삶으로도 이단을 능가하지 못하면 이단에 빠진 사람들을 돌려놓기란 참 어렵다. 도미니코는 정확히 그 요점을 짚은 인물이다.

프란치스코회는 너희 중에 가장 보잘것 없는 이에게 한 것이 곧 내게 한 것이라는 그리스도의 말씀을 따라 세상의 약자들 곁으로 갔다. 이들에겐 가난하고 병든 이들 곁에 있는 것이 곧 그리스도와 함께 있는 길이었다. 도미니코회는 마을을 두루 다니며 하느님의 나라를 가르치신 그리스도의 본을 따라 오류에 빠진 사람들을 진리의 길로 이끌고자 했다. 제각기 개성 있는 방식으로 표출되긴 하였으나 둘 다 '그리스도를 본받음'이다.

프란치스코회에게 섬김과 봉사의 활동은 곧 기도다. 눈앞의 보잘것 없는 사람은 그냥 봉사의 수혜자인 게 아니라 그리스도다. 그가 가장 보잘것 없는 존재와 자신을 동일시하셨기 때문이다. 도미니코회에게 공부가 곧 기도요 영성수련이다. 지식은 사람을 교만하게 한다지만 이들의 공부는 길 잃은 양을 되찾아오는 수단이다. '나는 길이요 진리요 생명이라' 하신 분께로 이끌어가는 지식인 것이다.

올더스 헉슬리는 힌두 바가바드기타에 근거해서 영적인 길에도 행위의 방식, 앎의 방식, 헌신의 방식이라는 세 가지가 있다고 말한다. 행위의 방식이란 남을 위한 이타적 행동을 통해서 자아를 초월하는 길이라 할 수 있다. 앎의 방식이란 선불교처럼 자기 내면에서 자아보다 더 큰 영 혹은 참나를 깨달아 자신을 넘어서는 길이라 할 수 있다. 헌신의 방식이란 초월적 대상에게 정서적으로 헌신함으로써 자아를 넘어서는 길이라 하겠다. 박티요가나 그리스도교가 전형적으로 여기 해당한다. 그렇다면 프란치스코의 탁발수도회란 남을 위한 이타적 행동으로 자아초월을 기하는 길을 선택했다고 볼 수 있다. 물론 프란치스코 개인을 보면 헌신의 정서 또한 무척 뛰어나다. 헉슬리도 지적하지만 위의 세 가지는 섞여 있는 것이 보통이다. 그러나 어느 한 가지가 두드러진 가운데 나머지 둘을 포섭하는 식이다.[5]

오늘날 종교인, 비종교인을 막론하고 인생의 의미를 찾는 일은 쉽지 않다. 포스트모던이란 말을 '현대 이후'로 이해하든 '현대의 끄트머리'로 이해하든 지금 우리는 옛 세계와 새로운 세계가 뒤섞인 가운데 혼란스럽다. 과거엔 자신이 속한 종교나 공동체를 통해 정체성과 의미를 부여받았다. 하지만 이미 19세기의 도스토예프스키를 고민하게 만든 옛 질서의 해체와 여파는 아직도 우리를 괴롭힌다. 현대인들은 종교나 공동체의 집에 살지 않는다. 그리고 모든 것이 평등하다는 주장 아래 무엇이 더 낫고 헌신할 만한 것인지 헷갈린다. 굉장히 자기중심적이고 심지어 자아도취적인 개인이 모든 도덕적 판단의 중심이 되는 일은 이제 낯설지 않다. 자주성, 자존감 운운하면서 현대는 그런 자기중심성을 부추기기도 한다. 자기보다 위대한 게 없는 사회에서 인생의 의미는 전보다 더 찾기 어려운 것이 된다.

현대인의 삶은 탁발수도자들처럼 이동이 잦다. 이젠 지역이나 공동체로 자기 고향을 삼기 어렵다. 그러나 프란치스코의 작은 형제들, 탁발수도자들은 우리처럼 불안한 정체성 문제를 겪지 않는다. 경제지표로는 형편없는 삶의 방식을 자발적으로 선택하면서도 그러했다. 탁발수도자가 아니어도, 그리스도인이 아니어도 그들의 삶에서

---

5 올더스 헉슬리/조옥경 역, 『영원의 철학』 (김영사, 2014), 256-58.

배울 지혜가 있지 않을까? 현대는 종교가 몰락한 시대, 적어도 종교를 무시해온 시대라 해야 할 것이다. 그러므로 특정 종교에 뿌리를 두고 삶의 의미를 찾는 일은 현대인에게 그리 쉬운 선택은 아니다. 하지만 모종의 종교성, 그 지혜는 여전히 우리들에게 필요한 것 아닐까?

탁발수도자들처럼 우리도 섬기고 봉사할 사람들이 필요하다. 마치 헉슬리가 말한 행위의 길을 걷는 것처럼 내 작고 분주하고 이동이 잦은 삶도 누군가에게 이타적 행동을 하기 위한 지향이 들어있다면 이 또한 영적인 삶이라 할 수 있다. 그런 가운데 나의 자의식이 보다 너그럽고 공감과 배려의 범위가 크고 깊어지는 것을 경험한다면 이 또한 앎의 길, 의식 확장의 길로서 의미를 챙길 수 있을 것이다. 비록 종교에 귀의하여 신에게 마음을 기울이지 않는다 하더라도 내가 만나는 모든 사람들을 신처럼 대할 수 있다. 신과의 관계를 절대타자와의 관계라고 한다. 타인들의 총합을 그 절대타자의 현현으로 대할 수 있다. 그 관계 안에서 울고 웃는 모든 경험이 헌신의 길처럼 될 수 있는 것이다.

6 장

데보치오 모데르나 운동의 영성
: 네가 서 있는 곳이 바로 거룩한 땅이다

　유럽에서 대학이 등장하기 이전에 교육을 담당하던 곳은 교회였다. 대성당이나 수도원이 성직자나 수도자를 양성하기 위한 교육을 제공했던 것이다. 그런데 12세기를 전후해서 등장한 중세 유럽의 대학은 기본적으로 왕권이나 교황권의 직접 개입을 받지 않는 자율조직의 출현을 의미한다. 따라서 지식을 자유롭게 추구하고 토론할 수 있는 공간의 마련이 대학 출현의 의의였던 셈이다. 이후 역사가 진행되면서 대학은 여러 모습을 보인다. 때론 사회 변화에 반대하는 보수의 기지가 되기도 하고 국가의 후원을 받으면서 국가체제에 종속되는 모습을 보이기도 한다. 그러나 이 자유롭게 지식을 추구한다는 자율적 학문공동체의 성격은 우여곡절 속에서도 대학의 정체성으로 상존한다.[1]

그러고 보면 도미니코가 발렌시아대학에서 교육을 받았다는 사실도 음미해볼 만한 점이 있다. 탁발수도회의 등장 자체가 중세봉건 사회의 붕괴와 더불어 일어난다. 옛 세계가 몰락하고 새로운 세계가 도래하는 사회적 격변의 시기에 등장한 것이 탁발수도회라는 형태다. 그 삶의 방식에서 중세의 많은 젊은이들을 혼란을 떨치고 인생의 의미를 찾을 수 있었다. 또한 도미니코가 교회가 아닌 대학에서 수학했다는 사실도 사회 변화와 연관된다. 물론 중세 대학에서 신학이 차지하는 비중은 오늘날 상상하기 힘들 정도로 지대하다. 가히 모든 것을 아래에 두는 보편학문이었다. 그러나 대성당이나 수도원에서 제공하는 교육만으론 감당하기 힘들 정도로 사회가 다원화되고 확장된 것 또한 사실이다. 탁발이라는 방식도 중요하지만 넓어지는 세상과 소통하는 신학의 사유라는 코드를 도미니코의 공부에서 볼 수 있다는 게 내 생각이다.

영성의 문제인 교육

뭐든지 눈앞의 것만 바라봐서는 오히려 완성하기가 어렵다. 무언가 그것 자체보다는 큰 맥락에 위치시켜야만 의미 있는 것이 된다. 사람은 의미 있는 일에는 보다 집중한다. 효율성도 덩달아 커진다. 도미니코는 대학의 공부를 단순히 지식 획득이나 자기 높임만을 위해 하지 않았다. 하느님과 인간을 섬기는 길로서 그리했다. 그러고

---

1 통합유럽연구회, 『유럽을 만든 대학들』 (책과 함께, 2015), 14-15.

보면 모종의 초월성이 곁들여야 자기완성도 더 잘 된다는 통찰은 공부에도 적용된다. 눈앞의 일에 의미를 더하는 그 이상의 것more은 보통 눈에 보이지 않는다. 별 수 없이 우리도 초대교회 사람들처럼 보이지 않는 차원을 중시할 수밖에 없다.

시카고대학 얘기를 좀 하고 넘어가자. 늘 미국 대학뿐만 아니라 세계 대학 순위에서도 상위권을 점하는 이 명문대학이 20세기 초반까지만 해도 대표적인 삼류 학교였음을 사람들은 잘 모른다. 그런데 이 보잘것없던 학교가 이제는 노벨상 수상자를 91명이나 배출한 일류 학교로 변신했다. 세계 4위인 프랑스 전체 국가가 배출한 숫자보다도 많다. 이렇게 환골탈태하게 된 계기가 바로 1929년 5대 총장으로 부임한 로버트 허친스다. 교육철학자인 그는 교양교육의 중요성을 주장하였다. 고전은 인류 공동의 유산으로 그 안에서 사람들은 '오래되었으나 새로운' 보편적 가치를 배울 수 있다고 생각했다. 그래서 시카고대학 학생들은 전공을 막론하고 100권의 고전 읽기를 하게 했다. 이를 The Great Books Program이라고 한다. 고전을 읽고 토론하지 않으면 졸업을 할 수 없게끔 만든 것이다. 허친스는 눈앞의 시류를 따라 취업하기 위한 공부를 반대했다. 편협한 전문성에 앞서 널리 인간을 이해하는 교양이 앞서야 한다고 본 것이다.

그가 오늘날 취업학원 비슷하게 된 한국의 대학들을 보면 무슨 생각을 할지 모르겠다. 흔히 학교를 진리의 전당이라고 하는데 어떤 의미에서 그러한가? 파커 팔머는 학교를 진리에 대한 순종을 실천하는 공간으로 정의했다.[2] 진리란 너도 나도 거기 고개를 수그려야 하

---

2 그럴 때 교실은 진리의 규칙이 지배하는 세계의 축소판이 되고 우리는 그 규칙

는 무엇이다. 그런 의미에서 초월성에의 승복이 없는 공간에서 배움은 일어나지 않는다. 진리에 대한 순종이 없다면 내가 아는 줄 알았는데 사실은 잘 모르는 거였더라 하는 자기 무지의 고백이 일어나지 않는다. 극렬한 이념을 부르짖으며 현실을 프로크루테스의 침대처럼 함부로 재단裁斷하지만 사실이나 진실에 다가갈 노력도 자기성찰도 하지 않는다. 한 마디로 배움이 없다. 그저 자기도취의 기만적 주장들만이 난무할 뿐이다.

소위 진보 교육의 내용이 무엇인지 생각해보았다. 기본적으로 이질적인 집단들이 뒤섞인 다원 사회로서 시민사회를 전제하고 그 안에서 가져야 할 공적 예의civility를 새기는 것이 전부인 것 같았다. 파커 팔머가 지적하듯 대학이란 교육 집단의 기능이 그저 관용과 공적 예의를 전달하는 게 전부라면 교육은 왜곡되고 만다.3 아쉽게도 현실은 팔머의 우려를 답습한다. 정치적 올바름political correctness을 규범으로 삼게 하는 데 교육 내용의 핵심이 있어 보인다. 정치적 올바름이란 말과 행위에 있어 어떤 식으로든 차별이나 편견이 들어가지 않도록 하자는 것이다. '정치적'이란 말의 이면은 개인이 속으로 무슨 생각을 하는지, 또 사석에서 뭐라고 하는지는 상관할 수 없다는 의미이기도 하다. 다만 공적으로는 그렇게 말하고 행동하라는 것이다. 그래서 공적 예의다. 그런데 공적 관용을 중시하느라 질적인 분별은 뒷전이 되는 경향도 농후하다. 무조건 평등한 게 좋다는 식이다.

공적 예의가 중요하지 않다는 말이 아니다. 그게 교육의 전부여

아래 사는 법을 배운다는 것이다. 오늘날 교육이 과연 그러한지 심히 의심스럽다. 파커 팔머/이종태 역, 『가르침과 배움의 영성』 (IVP, 2009), 190.
3 같은 책, 20.

서는 곤란하다는 말이다. 신앙이 그렇듯이 교육도 인간 변화에 관한 문제다. 그런데 외적인 행동거지만 교육시켜 인간의 변화가 이루어졌다고 볼 수 있을까? 물론 언어습관, 행동습관을 다르게 가지면 내면도 변한다는 건 사실이다. 그러나 현실은 그만한 심층 변화와는 무관해 보인다. 다른 집단의 표적이 되어 공격을 당하지 않을까 두려워 몸을 사리거나 고작 겉치레 예의로서 말과 행동거지를 게임하듯 다르게 할 뿐이다. 이런 건 또 하나의 율법주의라 할 만하다. 성서의 율법주의자들은 자신들은 손끝 하나 까딱하지 않으면서 남을 공격하고 검열하는 데 율법의 당위를 사용했다. 다시금 현실은 율법적 당위를 사용해 타인의 에너지를 빼앗아 섭취한 다음 배설물처럼 내버리는 착취자 세포들이 난무하는 공간처럼 보인다.

현대는 전반적으로 종교를 폄하해온 시대다. 덩달아 신학도 다른 분야에 비해 의미 있는 인간 지식으로 대접을 받지 못한다. 외부자들에게 성서는 신화거나 이스라엘 삼국지 정도이고 신학 또한 검증도 반증도 불가능한 부정적 의미의 형이상학 정도로 취급받는다. 신학 공부하는 이들도 마치 신학은 자체로 존립할 근거가 없는 학문인 양 다른 학문의 내용에 기댄다. 물론 신학은 공부의 조망이 넓다. 거의 모든 학문을 품고 망라할 수 있을 정도다. 이는 신학이 인간이란 복잡다단한 존재를 다루는 학문이다 보니 인간의 모든 영역을 건드리게 되는 데서 오는 특성이다. 그러나 신학의 조망 안에 다른 학문의 성과를 담아낸다는 것과 사실 그 분야의 연구라 할 내용에 신학의 언설을 액세서리 정도로 끼우는 것은 다르다. 도무지 어떤 의미에서 신학적 성찰이라 해야 하는지 헷갈리는 논문들이 요즘은 많이 눈에 띈다.[4]

교육의 편협한 세속주의나 과학주의, 학생들을 원자들의 무한경쟁처럼 내모는 시스템, 인간의 변화를 외적 예의 정도 수준에서 다루는 접근 등은 생각해볼 문제다. 그러면서 한편으로는 취업에 유리한 것들로 교육의 내용을 삼는다. 시류는 빠른 속도로 달라지는데 말이다. 물론 그 모든 것들이 불필요하다는 뜻은 아니다. 그것들은 다만 부분일 뿐이라는 말이다. 교육이 보다 완성된 것이 되려면 더 큰 전체성이 필요하다. 신학에는 여러 가지 정의가 있지만 인간과 세계, 우주에 대한 해석이라는 정의 또한 오래된 것이다. 인간의 넓이와 높이, 깊이에 대해 심층적으로 성찰하고 외적 예의 정도가 아닌 내면의 변화를 고려하는 교육이 필요하다. 타자든 생태든 심층에서 공감하고 배려하는 의식에 바탕을 두고 행동하는 인간을 기르고자 할 때 신학의 성찰이 기여할 바가 있을 것이다.

심층적 인간 변화에 기여하고자 할 때 신학이 적극 고려해야 할 것이 영적 경험의 문제다. 윌리엄 제임스의 『종교경험의 다양성』에는 1820년 브래들리라는 사람의 경험담이 들어있다. 그는 어느 날 예수를 만나는 신비체험을 한 이후 급격한 인격의 변화를 보였다고 한다. 이전에 그는 무척 이기적이고 독선적인 사람이었다고 한다. 종교든 교육이든 긍정적으로 인간을 변화시키는 문제라 할 때 인간을 겉만이 아니라 속에서 변화되게 하는 이러한 종교경험의 차원을 신학은 더 적극적으로 탐구하고 해명할 필요가 있다.

---

4 하버드의 신학자 고든 카우프만은 신학적 성찰이란 신 개념이 반드시 제시되어야 하고 논의가 신 담론으로 나아가는 길을 명증하게 보여줘야 한다고 말한다. 아니라면 사회학이나 심리학, 문학의 글인지는 몰라도 그걸 '신학적인' 걸로 제시할 이유가 없다고 못 박는다. 카우프만, 『신학 방법론』, 43.

앞에서 도미니코를 얘기하면서 공부가 곧 기도요, 수도 생활이라고 했다. 오늘날 어떤 공부든 도미니코처럼 하는 일이 가능할까? 물론 도미니코는 종교인이니까 공부뿐만 아니라 생활의 모든 차원을 종교적으로 해석하고 의미부여를 하는 것이 당연하다. 하지만 역으로 그리스도교 신학의 언설을 인간의 공통된 경험에 던지는 해석의 그물이라고 해보자. 종교인이 아닌 사람들의 경험에도 다분히 종교적이거나 영적인 차원이 들어있음을 읽을 수 있지 않을까?

메이슨 커리의 『리추얼Rituals』이라는 책을 보면 작가들의 삶에 깃든 종교적 차원을 잘 드러낸다. 마치 예배를 드리듯, 종교의례를 행하듯 그렇게 산다 해서 책 제목이 『리추얼Rituals』이다.5 일본의 소설가 무라카미 하루키는 만 29세가 되도록 재즈 바를 운영했다. 살도 뒤룩뒤룩 쪘었다고 했다. 그런데 어느 날 사람 없는 야구장에 혼자 있다가 "나는 소설가가 될 것이다" 하고 혼잣말을 했다. 그는 이 말을 '계시처럼' 했다고 했다. 그리고 실제로 그는 소설가가 되었다.

하루키는 새벽 네 시에 기상해서 여섯 시간을 쉬지 않고 글을 쓴다. 그런 다음 오후에는 꼭 한 시간 이상 달리기나 수영을 한다. 그리고 밤 아홉 시면 어김없이 잠자리에 든다. 전에 재즈 바를 운영할 때는 담배도 하루에 세 갑씩이나 피웠다. 줄곧 앉아서 지내니 살만 쪘다고 했다. 그러나 "계시"가 있은 다음 그는 시골로 내려가 담배와 술을 줄이고 채소와 생선 위주로 식단을 바꿨다. 마치 수도자들이 시간에 맞춰 성무일도를 하듯이 하루키는 하루 일과를 엄격하게 지킨다. 밤 아홉 시가 취침시간이다 보니 사람들의 저녁 초대에 응하기

---

5 메이슨 커리/강주헌 역, 『리추얼』 (책 읽는 수요일, 2014)에서 발췌한 내용이다.

어렵다. 그래서 대인관계가 어려울 때도 있지만 하루키는 자신이 헌신하는 것은 "독자와의 관계"라고 말한다. "창조적인 일을 하는 사람이라면 희생해야 할 일상도 있는 것"이라고 그는 말한다.

어니스트 헤밍웨이 역시 리추얼 같은 생활을 했다. 그는 해가 뜰 때 같이 일어났다고 한다. 그 역시 여섯 시간을 꼬박 글을 썼다. "사랑하는 사람과 사랑을 나누고 배가 고파지는" 것과 같은 느낌이 들 때 글쓰기를 멈췄다. 그리고는 다음날이 될 때까지 글을 쓰지 않고 기다렸다. 사람들은 그를 천재라 했지만 헤밍웨이 자신은 글쓰기가 끔찍하다고 했다. 『칼의 노래』의 저자 김훈도 자신이 쓴 글을 다시 쳐다보지 않는다고 했다. 끔찍하다는 것이다. 작가란 사르트르의 말처럼 가 닿을 수 없는 것에 가 닿으려는 무망한 노력을 하는 사람이다. 헤밍웨이는 자기가 쓴 글의 단어 수를 기록해 두었다고 한다. 그래야 한계를 알고 자만하지 않기 때문이란다.

내가 애독하는 켄 윌버 역시 리추얼의 생활이 있다. 그도 새벽 서너 시면 기상한다. 그리고 두 시간 정도 명상을 한다. 그런 다음 여섯 시간 내지 여덟 시간을 책을 읽거나 글을 쓴다. 그 이후엔 사람들과 어울리거나 영화도 보고 지프차도 몬다. 그리고 밤 아홉 시나 열 시면 잠자리에 든다. 이렇게 종교인이 아니더라도 사람들의 삶에는 종교적인 면들이 있다. 역으로 말하면 종교적인 면을 개발한 사람들이 창의적이고 생산적인 삶을 산다. 거기엔 수도자들처럼 헌신이 있고 희생과 포기가 있다. 그리고 종교인들처럼 정해진 의식을 치른다.

도미니코회는 소위 관상 생활과 연구 생활, 사도 생활의 삼대 축을 갖는다고 한다. 연구가 중시되다보니 도미니코회는 예수회와 더불어 가톨릭교회의 '두뇌'라는 별칭이 있다. 관상 생활이란 기도나 명상을 말하고, 연구 생활이란 말 그대로 공부고, 사도 생활이란 사명감을 갖고 하는 활동을 말한다. 그런데 리추얼은 종교인이 아닌 사람들도 창의적인 사람들에게는 무언가 그와 같은 면들이 있음을 일러준다. 사실 인간이란 누구나 그렇게 위로 초월적인 차원과 이어져 인간과 세계, 우주를 파악하면서 남을 위해 살아가야 맞는 존재다.

일상을 수도 생활의 터전으로 삼은 그루테

14세기 데보치오 모데르나 운동은 게라르드 그루테로 인해 촉발된다. 물론 앞장에서 프란치스코나 도미니코를 다루면서도 조금 언급했지만 어떤 운동과 개인의 관계는 간단하지 않다. 개인의 탁월함도 중요하지만 시대와 환경이 부합되어야 한다. 역으로 시대가 바람이라면 개인은 그 바람을 타고 날아오른 독수리에 비유하는 게 맞을지도 모른다. 그럼에도 초점을 모아주고 방향을 제시한 개인의 인격과 탁월성 또한 결코 무시할 수 없는 요인이다. 그저 모아놓기만 한 것은 무더기일 뿐이다. 그 어수선함과 웅성거림에 가닥이 잡히고 정리가 되면서 운동이 탄생하는 것이다. 그렇게 묶어내고 길을 밝히는 사람이 운동의 리더인 것이다. 탁발수도 운동에 프란치스코가 그러했던 것처럼 데보치오 모데르나 운동에 그루테가 바로 그런 사람이었다.

데보치오 모데르나Devotio Moderna는 영어로 'modern devotion'이다. '현대적 신앙' 정도의 뜻이 뇌겠다. 이 신앙운동에 어째서 '현대적'

이라는 수식어가 붙은 걸까? 물론 14세기 당대의 관점에서 새로운 패러다임이 등장해서 현대적이라 한 것이다. 이 운동의 핵심은 수도 생활의 영성을 일상 생활 현장에서 구현했다는 데 있다. 이전에 수도 영성은 물리적으로 세상의 외곽으로 벗어나거나 이후 수도원처럼 공간적으로 근접해도 벽을 세워 차단한 공간 이쪽에서만 경험이 가능했다. 그런데 데보치오 모데르나는 수도 영성을 세상 한복판에서 살아내고자 했다. 그리스도교 영성의 역사를 큰 흐름에서 볼 때 상승에서 하강으로 움직이는 것과 같다고 했다. '저 높은 곳을 향하여'에서 '저 낮은 곳을 향하여' 같은 움직임을 보이는 것이다. 그런 의미에서 데보치오 모데르나는 뚜렷이 하강의 표지를 보인다.

탁발수도회만 해도 자신이 봉사할 대상을 향해 세상에 뛰어들기는 하지만 그래도 자신들만의 요새와 울타리로 수시로 귀환한다. 하지만 데보치오 모데르나 운동이 보여주는 전형성은 많이 다르다. 거기선 일상이 곧 영성 생활의 현장이다. 필요한 것은 그러한 자각과 지향이다. 마치 늘 오가던 길목이건만 모세가 "네가 서 있는 곳은 거룩한 곳이니 신을 벗으라" 하는 음성을 들은 이후 익숙한 장소가 거룩한 성소가 된 것과 같다(출애 3:5). 평범한 일상이 곧 거룩함이 중첩된 세계라는 자각은 오늘 우리에게도 필요한 방향성이다. 그런 의미에서 데보치오 모데르나는 현대의 관점에서 가히 현대적 영성운동이다.

또 한 가지 데보치오 모데르나에서 주목할 점은 이 운동이 그리스도교 고대, 즉 초대교회를 재발견하고 재수용하려고 했다는 점이다. 그래서 이 운동을 르네상스로 일컫기도 한다. 르네상스, 즉 문예부흥운동이란 14세기에서 16세기에 걸쳐 고대 그리스-로마 문화의 재발견, 재수용을 핵심으로 한다. 즉 고대성의 재발견인 것이다. 그런데 16세기 종교개혁 역시 르네상스처럼 그리스도교 고대성을 되찾고자 했다. 그런 의미에서 14세기 데보치오 모데르나 운동은 종교개혁의 예고편이요, 전조였다고 할 수 있다.

게라르드 그루테라는 개인의 이력에서 중요한 점은 그가 카르투지오 수도회와 인연이 있는 사람이라는 점이다. 수도원 영성이 일반인들의 생활 현장으로 흘러들어간 것이 데보치오 모데르나 운동이다. 그루테가 그 매개가 될 수 있었던 것은 그가 수도원 영성을 익혔으면서도 수도자 서원을 하지 않은 사람이라는 독특한 이력 때문이다. 그루테의 이력에서 특기할 또 한 가지는 그가 파리대학에서 공부한 지식인이라는 점이다. 파리대학은 유럽의 가장 오래된 대학 중 하나로서 당시 신학과 철학에서 엄청난 명성을 얻고 있었다. 거기서 공부한 그루테는 희한하게도 일부러 사제서품을 받지 않는다. 수도 생활을 경험했으면서 수도자가 되지 않고 신학을 공부했으면서 사제가 되지 않은 유별난 이력의 소유자가 그루테다.

그루테는 부잣집 아들로 태어나긴 했지만 열 살 때 양친을 잃고 삼촌네 집에서 성장했다. 유산이 많으니까 재정적인 곤란을 겪진 않았지만 정서적 결핍이 없지 않았을 성장환경이다. 그래서 파리대학에 유학해서 성직을 준비하면서도 넉넉한 돈으로 방탕한 생활을 하는 이중적인 모습이 있었다. 게다가 그루테는 교회 정치에도 끼어들어 당시 프랑스 아비뇽에 가 있던 교황이 로마로 돌아오게 하는 데 역할을 함으로써 교회로부터도 월급을 받았다. 그러니 그루테는 이래저래 경제적으로 아쉽지 않은 생활을 할 수 있었다.[6]

당시 시대 상황을 좀 언급할 필요가 있다. 그리스도교 역사에서

14세기는 소위 '아비뇽 유수幽囚'라 하는 사건이 벌어진 시기다. 1303년 교황과 반목하던 프랑스 왕이 아나니 별장에 있던 교황을 습격하는 사건이 벌어진다. 이 사건 이후 교황은 프랑스 왕의 꼭두각시가 되고 아예 교황청을 프랑스 아비뇽으로 옮겨버린다. 교황청이 아비뇽에 있던 1309년에서 1377년까지의 기간을 고대 유대인들의 바빌론 유수에 빗대어 아비뇽 유수라 한다. 이러한 시대 상황 속에서 교회의 권위는 실추되고 사람들은 성직자나 수도자들을 별반 신뢰하지 않았다.

14세기 이후 16세기 종교개혁에 이르기까지 교회의 영적 권위는 바닥을 쳤다. 그루테 이후에도 사람들은 교회를 황금과 폭력과 섹스가 난무하는 진흙탕으로 생각했다. 성직자들도 면죄부만 사면 첩이 몇이든 상관없었다. 정작 정식으로 결혼을 하면 출교당하는 어처구니없는 일들이 벌어졌다. 마르틴 루터 같은 종교개혁가들에게 벌어진 일들이기도 하다. 하지만 알렉산더 6세나 레오 10세 같은 교황들은 요즘도 〈보르지아〉 같은 선정적인 드라마의 주인공으로 등장할 만치 어마어마하게 문란했다.

사실 이런 시대 분위기에 처음엔 그루테도 상당히 동화되어 있었던 모양이다. 그는 1374년에서 77년까지 카르투지오수도회의 공동생활을 경험하면서 좋은 영적 스승과 동료들을 만났다. 그리고 이때의 경험이 일반 신자들도 일상생활 공간에서 수도 영성을 실천하며 사는 데보치오 모데르나 운동의 맹아가 된다. 1374년은 그루테의

---

6 Mark S. Burrows, "Devotio Moderna: Reforming Piety in the Later Middle Ages," in *Spiritual Traditions for the Contemporary Church*, 109-110.

인생에서 이전과 이후가 확연히 구분되는 분기점으로 보인다. 그해 9월 그루테는 자신이 살던 집을 가난한 여성들의 쉼터로 내어주고 본인은 카르투지오수도원으로 들어가 생활한다.

3년의 수도원 생활을 경험한 그루테는 전과는 많이 달라진 사람이 되어 나온다. 정식 서원을 하고 수도자로 눌러앉을 수도 있었겠지만 세상으로 나올 선택을 한 걸 보면 그루테에게는 대승적 지향 같은 게 있었던 것 같다. 파리대학 출신의 지적 연마에 카르투지오 영성 훈련까지 더한 그루테는 1379년에서 83년까지 교구 순회 설교자로 일한다. 이때 그는 성직자들에게는 라틴어로, 일반 신자들에게는 모국어로 설교했다. 종교개혁의 모국어 원칙이 그에게서 선취先取된 것이다.

그루테는 당시 만연해있던 성직자들의 축첩 및 내연관계를 나무라는 설교를 했다가 교회의 미움을 사 설교권을 박탈당한다. 그루테는 일부러 사제서품을 받지 않았기 때문에 그때까지도 부제였다. 그런데 그나마 부제 설교권을 빼앗긴 것이다. 흥미로운 사실은 그루테가 교회와 긴장관계가 없지 않으면서도 교회에 충성하면서 개혁을 추구한 점이다. 그에게 수도 영성의 푸가 문디라는 원리는 물리적이 아니라 정신적으로, 자발적으로, 일상생활 속에 구현되는 무엇이었다. 질적으로 세속에 잠식당한 교회를 역시 질적으로 탈세속화하려고 한 셈이니 말이다.

그루테는 동양식으로 말하면 저잣거리에 나온 도인 같았다. 수도 서원을 하고 수도자 신분을 얻는 게 중요한 게 아니라 삶의 질이 수도자적인 게 중요하다. 그러면 굳이 물리적으로 공간을 달리 하지 않아도, 굳이 수도자나 사제 신분을 얻지 않아도 그 정신이 중요하다.

이러한 그루테 개인의 정신은 고스란히 데보치오 모데르나 운동의 정신이 되었다. 그래서 수도원에 들어갈 수도 성직자가 될 수도 없는 일반 신자들도 일상생활 안에서 수도원적 영성을 실천하고자 했다.

교회의 도덕적 권위가 실추되고 성직자들도 신앙의 표상이 되지 못하는 시대, 수도원들도 많이 세속화된 시대였다. 그루테가 접한 것처럼 좋은 수도원이 설령 있다 해도 일반 신자들에겐 아예 접근이 차단된 현실이었다. 데보치오 모데르나 운동은 '그럼 당신들이 성직자, 수도자들처럼 살면 될 게 아닌가' 하는 화두를 던진다.[7] 이 도전이 훗날 종교개혁의 만인사제 개념으로 이어진다. 흔히 만인사제론을 성직자 권위주의에 대한 대항논리로 인식하지만 모두가 성직자 못지않은 책임의식으로 신앙생활을 하라는 것이 핵심이다. 이는 교회도 사제-수도자-평신도 계급으로 나누고 평신도에게는 높은 수준의 신앙을 요구하지 않던 중세적 논리를 전복시키는 것이다. 이 점에서도 데보치오 모데르나는 종교개혁의 선취이다.

그루테는 설교권 박탈 이듬해 1384년에 전염병에 걸려 사망한다. 카르투지오 수도회에서 나온 이후 그의 활동 기간은 그리 길지 않았던 셈이다. 하지만 그루테는 순회설교 활동을 하는 중에도 제자들을 길렀다. 임종하면서 그 제자들에게 권한 것이 공동생활이었다. 제자들은 그루테의 권고를 받아들여 1387년 빈데스하임 공동체를 탄생시킨다. 그리고 이들은 데보치오 모데르나 운동의 기수들로 역할을 다한다. 이를 기점으로 공동생활형제회 및 자매회가 생겨나기 시작했다.[8]

---

7 Ibid., 113.

오늘날 한국의 교회는 14세기 그루테가 직면했던 상황을 연상시킨다. 교회의 도덕적 권위가 실추되어 이제는 사회가 교회를 걱정한다는 말을 듣는다. 성직자들의 도덕적 해이, 성적 문란도 공공연한 비밀처럼 되었다. 신자들도 믿는 사람들이 더하다는 말을 듣는 마당이다. 교회가 세상을 썩지 않게 하는 소금의 맛을 잃은 지 꽤 되었다. 세속과 다른 곳이 교회라 할 수 없을 정도로 세속주의에 잠식당한 공간이 되었다. 그래서 세상과 똑같이 자본의 균질적 가치를 궁극인 양 제시한다. 교회가 돈 중독이라는 말을 듣는 것도 어제 오늘의 일이 아니다.

사막의 안토니우스가 한국교회를 보았다면 푸가 문디를 하기 위해 교회를 떠나야 한다고 했을지도 모른다. 지금 우리가 사막으로 떠나긴 어렵다. 하지만 그루테와 같은 선택지는 남아있다. 처한 현실, 기존의 현장에서 정신적 극복의 길을 선택할 수 있다. 모세는 흔하게 다니며 양을 치던 산이 문득 신을 만나는 성소로 돌변하는 경험을 했다. 야곱도 곤해서 잠을 청한 장소가 하늘과 이어지는 현장임을 깨닫는다(창세 28:17). 수도 생활의 영성은 지금 우리에게 중요하다. 세속에 잠식당한 교회 안에 머물면서도 정신적으로 그 세속성을 떠나는 일이 여전히 필요하기 때문이다. 그렇게 할 때 공동생활을 하듯 우정으로 연대하는 관계망 역시 중요하다. 공동생활 역시 현대 사회에서는 정신적 유대, 정신적 가치와 규범의 공유 같은 식으로 읽어내야 할 것 같다. 하지만 현대 사회에 맞게 패러다임은 다르게 갖더라도 영성의 역사에서 힘을 발휘한 원리들은 그야말로 원리들이다.

---

8 Ibid., 119.

7 장

그루테와 지식인
: 타인의 얼굴에 응답하는 삶

그루테와 타인의 얼굴

그루테는 부유하고 교육도 잘 받은 엘리트였다. 게다가 주변의 인정도 받았고 자리도 보장받은, 그야말로 인생 탄탄대로를 걷던 인물이었다. 오늘날 3포니 5포니 헬조선이니 하는 시대를 사는 한국의 젊은이들이 부러워할 만한 많은 것을 가졌다. 타고난 금수저에다 명문대학 출신, 철밥통 같은 일자리, 화려한 연애 경험까지 고루 갖췄다. 인간은 인정을 받아야 자기 인생을 성공했다고 느낄 수 있고, 긍정적 자존감도 가질 수 있다. 사회 투쟁 중에는 자신의 존엄성이 무시될 때 그 인정을 획득하기 위한 인정 투쟁도 있다. 그루테는 이미 능력을 인정받아 교회로부터 상금과도 같은 월급을 받던 사람이다.

모든 걸 다 가진 이 인물은 왜 스스로 자기 삶의 조건들을 접은 걸까? 오늘날 많은 젊은이들이 인생 목표로 삼음직한 조건들인데 말이다.

만약 빵이라는 말을 삶의 기본조건이라는 뜻으로 환치할 수 있다면 그의 행보는 '사람이 빵만으로 살 수 없는 것'이라고 말한다. 인간에겐 more가 필요하다는 듯 말이다. 그루테가 남들이 부러워할 만한 삶의 조건을 스스로 떠난 것을 그만의 푸가 문디였다 하겠다. 그 푸가 문디는 자기 집을 빈민 여성들, 아마도 당대의 가장 작은 자들이라 해야 할 대상들에게 쉼터로 내어주고 카르투지오수도원으로 들어갈 때 가시화된다. 이후 그만의 푸가 문디 정신은 '세상 한복판에 있으나 세상에 속하지 않음'의 방식으로 데보치오 모데르나 운동에 전수된다. 사람들은 세상 속 일상에서 세상을 벗어난 수도자처럼 살았다.

인간이 자신을 위하는 건 당연하다. 우리는 자신만을 위해 사는 건 이기적이라고 쉽게 진단한다. 그런데 남만을 위해 사는 건 희생적이라며 칭송한다. 하지만 신은 사랑이다. 사랑은 자신 안에 있는 모든 것을 이롭게 한다. 즉 자신도 사랑하고 남도 사랑하는 것이 맞다. 누가 밥벌이와 돈벌이를 탓하랴. 취업을 하려고 발버둥치고 무시당하면 분노하고 인정 투쟁에 나서고 다 당연하다. 하지만 more가 필요하다. 돈벌이와 인정이 다가 아니고 무언가 인간에 대한 애정이 필요하다. 자기를 벗어남이 구원이라 할진대, 레비나스의 표현을 빌자면, 타인의 얼굴이 필요한 것이다. 그는 이기적인 삶에 타인의 얼굴이 출현하는 것을 '윤리적 사건'이라 말한다.[1]

---

1 레비나스는 자기중심적인 이기적 삶을 타인에 대해 책임지며 타인과 함께, 타인을

그루테의 삶은 이 화살표 방향을 보여준다. 그리스도교 영성은 신과의 사랑을 인간과의 사랑과 분리하지 않는다. 신 안에 있는 인간, 인간 안에 있는 신을 사랑하는 것이다. 그루테 눈에 보인 타인의 얼굴은 누구였을까? 아마 교회도 등불이 되지 못하는 시대 상황에서 목자 없는 양처럼 방황하고 무시당하는 사람들 아니었을까? 그래서 집도 내주고, 그들이 알아듣는 모국어로 설교하고, 제자들더러 가서 생활공동체를 만들라고 한 것 아니겠는가.

역사는 반복된다. 예수 그리스도 시대의 종교인들은 민중을 무시하고 착취했다. 예수는 민중을 목자 없는 양처럼 연민했다. 그래서 예수는 그들을 섬기고, 가르침을 베풀고, 치유했다. 그루테의 시대에도 비슷한 일이 반복되었다. 그루테는 당대의 많은 종교인들처럼 자기 세계에 안주해도 그만이었다. 그러나 그는 그러지 않았고 타인의 얼굴에 응답했다. '그리스도를 본받음'이란 그리스도교 영성사의 모티프는 여기서도 반복된다.

스콜라신학이 주류였던 당대에 대해서도 한마디 하고 싶다. 처음엔 신앙을 이성적으로 잘 설명하고 싶었던 이 신학이 나중에는 신앙과 체험은 희미해지고 다분히 관념적으로 흘렀다. 이런 신학이 당대의 성직자들에게 별반 인격적 변화를 주지 못했음이 분명하다. 여기서도 역사는 반복된다. 오늘날 신학의 현주소는 어떠한가? 사회학이나 탈근대 관점의 철학 등에 무게중심이 실리고, 신학의 언설은 수사

위해서 함께 살아갈 수 있는 가능성은 '윤리적 사건'에서 온다고 말한다. 이는 나에게로 환원할 수 없는, 나의 이해와 나의 능력으로 지배할 수 없는 '전적으로 다른 타인'의 출현으로 충격을 받는 상황이다. 강영안, 『타인의 얼굴』(문학과지성사, 2005), 176-177.

적 장치 정도로 전락하는 경우도 많아 보인다. 어찌된 일인지 세계 유수한 대학에서 유학하고 돌아온 교수진들로 무장한 신학교들이 세련된 신학을 가르침에도 불구하고 성직자들의 인격 변화와는 무관한 것 같다. 이 또한 스콜라신학의 폐해가 드러났던 시대의 반복 아닐까?

그루테는 당대 최고 파리대학에서 공부했고, 지적 관심도 높았던 사람이다. 그의 평생 소원이 필사본 도서관을 세우고 이를 중심으로 학습공동체 비슷한 걸 만드는 것이었다.[2] 하지만 훗날 데보치오 모데르나의 기조가 된 성서 읽기는 그가 카르투지오 수도회에서 익힌 성서 읽기다. 수도원 성서 읽기란 지식을 위한 읽기가 아니라, 묵상과 자기 변화를 위한 읽기다. 여러 면에서 종교개혁의 가치를 선점했던 그루테는 그런 점에서도 성서 중심의 신앙을 이끌고자 했던 종교개혁의 전조다. 당대의 성직자들이 인간 변화와 거리가 있는 관념적인 신학에 몰두했다면 일반 신자들에게는 아예 성서가 없었다. 중세를 연구한 학자들에 의하면 중세 일반 신자들의 신앙이란 이교적 미신 위에 그리스도교 표상과 상징을 살짝 얹은 정도에 불과했다. 오늘날 한국교회의 상황도 비슷해 보인다. 신학 공부를 하는 사람들은 인격 변화와 무관한 공부를 하고 신자들은 기복신앙에 빠져 있다는 상황이 말이다.

중세 교회가 황금과 섹스, 폭력에 물들어 있었다는 비판도 남의 말 같지가 않다. 현대 교회도 돈 중독에, 심심하면 성 추문이 불거져 나온다. 시사고발 프로에 단골로 등장하는 소재다. 게다가 중세보다

---

2 Burrows, "Devotio Moderna: Reforming Piety in the Later Middle Ages," 111.

물리적 폭력은 덜한지 모르지만 독단적 폭력성은 여전해 보인다. 다원 사회가 근간인 현대 시민사회에서 그리스도교의 십자군식 독단성은 스캔들이다. 요즘 교회를 떠나는 사람들이 꼽는 이유 중 하나가 교회의 편협함이다. 곧 타자를 용인하지 못하고 동일성을 강요하는 폭력성이다. 교회 안에 있는 사람들은 우리가 진리를 독점하고 있으니 이 진리를 남에게 어떻게든지 전하려는 사정으로 말하겠지만 말이다. 리차드 마우는 이를 '시민교양에 어긋나는 무례함'이라 말한다.

하지만 한걸음 떨어져 바라보면 이는 교회만의 문제가 아니다. 사회 전체에 만연한 문제다. 사실 중세는 오늘날처럼 교회가 사사화, 즉 개인사의 영역으로 물러나 있지 않았다. 교회가 사회며, 국가이고, 정치였다. 오늘날 교회도 사회도 황금과 섹스와 폭력으로 물들어 있긴 마찬가지다. 신자유주의에 이어 유능한 정부의 역할을 혼합한 자본주의 4.0을 말하는 식으로 변화가 없지 않지만 여전히 자본이라는 균질적 가치가 우리를 지배한다. 일루즈의 분석처럼 섹스 그 자체만을 목적으로 하는 섹스 아레나가 출현한 사회다. 게다가 이념화된 폭력성은 우리 일상에서도 흔히 목격할 수 있는 것이 되었다. 진실이 중요치 않게 된 탈진실의 시대에서 서슴없이 가짜뉴스를 양산하면서 권력투쟁을 하는 세상이다.

사실과 진실에 입각하려는 노력보다 선뜻 사안을 이념화하여 자기네 권력투쟁에 이용하는 집단과 세력들이 넘쳐난다. 선량하나 파편화된 다수의 사람들은 그 힘들에 별반 저항도 못하고 무력하다. 자신들이 먹잇감이 되지 않은 걸 다행이라 여기며 숨죽이는 게 고작이다. 약자일수록 연대해야 하는데, 공감을 얻어야 연대할 수 있다. 진실한 우정과 친밀감에 기초한 건강한 관계망, 그 하나하나가 작은 공동체라고 할 수 있는 것들이 늘어나야 세상의 물결에 저항할 수 있을 것이다. 공생세포들이라야 착취자 세포들을 이겨내는 것처럼 말이다. 그루테로 인해 촉발된 공동생활 형제자매회를 그러한 사례로 볼 수 있을 것이다.

그루테가 보여주는 지식인 상

그루테와 데보치오 모데르나 운동의 상관관계는 지식인과 사회운동의 관계라는 렌즈로 들여다볼 수 있다. 그의 경우 좀 낡은 듯 싶지만 사르트르의 지식인 이해가 유용할 것 같다. 사르트르는 '지식전문가'와 '지식인'을 구분한다. 지식전문가란 지배계급이 필요해서 기르는 사람이다. 이들은 지식을 갖고 지배계급이 필요로 하는 역할에 종사한다. 그루테도 처음에는 여기 속한 사람이었다. 타락한 교회였다고는 하지만 상층부의 정치에 나름의 기여를 했고, 이를 인정받아 보상금을 급여로 받았던 인물이다. 교회의 지배계급이 양성한 인물이었던 것이다.

그런데 지식전문가가 지식인으로 전환되는 건 그가 지닌 지식의 보편성에 기인한다. 즉 자신이 아는 것이 특정 집단의 이익에만 종사해서는 안 되고 모두를 이롭게 하는 것이어야 함을 외면하지 못하는 것이다. 그루테도 자신이 공부한 신학이 일반 신자들에게 가 닿지 않는 현실을 괴로워했던 것 같다. 그가 나중에 성직자들에게는 라틴어로 설교해도 신자들에게는 알아듣는 모국어로 설교했다는 사실이 이를 뒷받침한다. 그루테는 자기 지식이 성직자 집단에만 국한되는 것이 아닌 보편적인 것으로 여겼다. 그래서 관행을 깨고 모국어로 설교했고, 이는 그대로 훗날 종교개혁의 공통된 특성이 된다.

무엇보다 그루테는 영성 생활을 수도자와 성직자만 독점하고 일반 신자들에게 널리 전달되지 않는 상황이 옳지 않다고 여겼던 듯하다. 종교개혁가들도 가졌던 문제의식이다. 사르트르가 말한 대로 지식전문가가 지식의 보편적 성격 때문에 지배계급에 종사하길 멈추고 피지배계급의 이익을 향하면서 지식인으로 전환되는 것과 같은 움직임이다. 지식전문가는 이제 피지배계급과 연대감을 느낀다. 그루테가 정식 수도자가 되지 않은 것, 또 군이 사제가 되지 않은 것도 이러한 연대의식의 발로로 봐야 할 것이다. 그는 이제 성직자와 수도자가 위에 있고 평신도가 아래에 위치한 중세 교회 계급사회에서 그 경계선에 놓였다. 사르트르가 지식인은 지배계급과 피지배계급의 중간에 위치한 괴물의 특성을 지닌다고 한 것과 같은 모습이다.

… 지식인은 실천적인 지식을 가진 대리인이며, 그는 자신의 주된 모순(그의 직업에서 비롯된 보편주의와 그의 계급에서 비롯된 특수주의가 일으키는 모순)으로 인해서 혜택 받지 못한 계급의 보편화를 지향하는 운동에 가담하게 됩니다… 여전히 남는 문제가 있습니다. 즉 지식인은 그 누구로부터도 무엇을 해달라고 위임을 받은 적이 없다는 사실이 그것입니다. 노동계급으로부터는 의심을 받고, 지배계급에게는 배신자로 보이며, 자기가 속한 계급을 부정해보지만 결코 그 계급으로부터 완전히 자유로울 수 없는 지식인은….3

비록 지배계급에 의해 양성되었어도 자신이 접하는 지식은 보편적 진리고 법칙이다. 지적 양심은 그 지식의 혜택을 사회 전체와 모든 인간에게 확대하고픈 욕구를 일으킨다. 그래서 지배계급에 동일시하지 않고 피지배계급에 동일시하고 연대하게 되는 지식인의 모습이 그루테에게서 엿보인다. 사르트르는 이때 지식인의 역할은 '유기적 지식인intellectual organic'을 산출하는 데 있다고 말한다. 피지배계급 출신이 계급의식과 객관적 정신을 출현시키도록 돕는 역할이다. 그루테와 제자들은 공동생활형제회나 자매회를 통해 바로 그와 같은 역할을 수행하였다. 훗날 종교 개혁가들이 만인사제직을 말한 것은 위에 있는 사람들을 끌어내리는 논리가 아니라 밑에 있던 사람들을 끌어올리는 논리다. 모두가 사제나 수도자 못지않은 신앙의 깊이와 책임감을 발휘하며 살자는 것이다. 데보치오 모데르나는 분명히 그러한 지향을 선취한 운동이다.

한편 사르트르는 '작가는 지식인인가?'라는 질문도 던진다. 지식인이 전하는 것은 보편적이고 소통 가능한 지식이다. 이와 달리 사르트르가 보기에 작가란 소통 불가능한 것의 소통을 위해 언어를 사용하는 사람이다.[4] 하지만 그루테와 같은 신앙인에게는 사르트르가 구별한 지식인과 작가가 둘 다 보인다. 신학을 '신에 관한 말'이라 할진대 이는 가 닿을 수 없는 것, 그래서 소통 불가능한 것에 관한 언어다. 가 닿을 수 없는 것에 언어로 부단히 가 닿으려 노력하지만 백전백패한다고 말하는 작가처럼 신학도 그러하다. 애당초 소통 불가능한 것을 언어로 애써 풀어놓고 자기 글을 혐오하는 작가처럼 신학도 자기

---

3 장 폴 사르트르/박정태 역, 『지식인을 위한 변명』(이학사, 2007), 99.
4 같은 책, 138-139.

언어의 부적절함을 끝없이 느낀다.

흔히 신학의 자료로 성서, 전통, 이성을 꼽는다. 그 중에서도 성서를 으뜸으로 친다. 인간의 힘으로 알 수 없는 신의 자기계시가 성서를 통해 전달된다는 이유에서다. 성서는 언어 기록이다. 그렇다면 성서는 언어로 소통 가능한 지식을 전하는 것인가? 실상은 언어로 무난히 소통 가능한 것과 언어로는 '달을 가리키는 손가락'일 수밖에 없는 것이 혼재된 것이 성서다. 역사적이고 객관적인 정황을 가리키는 내용은 별반 어렵지 않다. 그러나 모세가 불붙는 가시떨기를 목격했을 때, 엘리야가 산 위에서 불과 지진을 만나다 미세한 음성을 들었을 때, 예수가 '아버지와 나는 하나'라고 말씀하실 때 우리는 그것들이 언어로 가 닿을 수 없는 것들에 대한 언어임을 직관한다. 일상 언어이면서도 언어로 가 닿기 힘든 차원이 함께 구성되어 있는 말이다.

그러면 어찌해야 할까? 언어 이전을 물어야 한다. 성서라는 기록이 있기 전에 무엇이 있었을까? 경험이 있었다. 모세의 가시떨기 경험이 있었고, 엘리야의 음성 체험이 있었고, 예수의 의식 경험이 있었다. 그리고 그 경험들에 대한 성서의 기록이란 소통 불가능한 것의 소통을 위해 사용한 언어다. 그러므로 성서의 언어는 언어 이전의 경험과 나란히 있을 때 비로소 소통 가능한 것이 된다. 비록 그 언어는 공통된 경험자들끼리만 비교 대조가 가능하지만 말이다.

나는 지식과의 관계도 다분히 인격적이라고 생각한다. 그루테는 당대 최고 학문의 전당이라 할 파리대학에서 공부하고 촉망받는 성직자의 길을 걸었다. 그런데 스콜라신학의 부정적인 형태는 철학의 개념과 이론에 능숙하면 신앙 경험 따위 상관없이 신학을 할 수 있다는 것이다. 능숙하게 조작 가능한 개념과 용어가 내게 자기 부인을 요구해오지는 않는다. 자아의 능란함만 더할 뿐이다. 그래서 지식은 우리를 교만하게 한다. 그러나 우리가 지식 앞에 오래 머물러 언어와 언어가 말하지 않는 것, 언어는 다만 가리키기만 할 뿐인 것을 느끼면 지식은 타자성의 충격과 울림을 갖는다. 나에게 자신을 비울 것을 요구해온다. 그 앞에서 고집을 피울 것인지 자기를 부인하고 그릇을 비울 것인지 선택해야 한다. 변화를 가져오는 지식과의 관계란 그와 같다.

사르트르에 비하면 푸코의 지식인 이해는 많이 다르다.[5] 그들은 각자 자기경험에 기초하여 발언한다. 사르트르는 그래도 시대를 이끄는 지식인 대접을 받았다. 반면 푸코는 68혁명을 경험한 세대다. 하나의 통일된 세력도 구호도 없고 다양한 집단이 자발적으로 모였다. 그 안에 사르트르 같은 전통적 지식인들의 역할은 보이지 않았다. 대중이 모든 걸 잘 알고 스스로 표현도 하는 시대였다. 그래서 그 혁명에는 현인도 예언자도 입법자도 없었다는 식으로 말한다. 요즘 한국의 사회운동도 비슷한 양상을 보이는 것 같다. 이전 세대에 비하면 영웅적 개인들은 보이지 않고 시민들이 알아서 자발적으로 그때그때 모이고 표현하는 식이다. 아직도 옛날 사고방식에 젖은 사람들은 그걸 이해 못하고 배후세력과 주동자를 묻는다.

푸코는 전 시대에 비해 훨씬 잘게 쪼개진 지식인을 생각한다. 특정분야의 전문지식을 갖춘 사람이 훨씬 세분화된 영역에서 자문 역

---

5 푸코가 형성한 지식인 개념은 당대의 지식인 개념들, 특히 사르트르의 개념과 단절한다. 필립 아르티에르, "현실태를 말하기: 푸코의 진단 작업," 프레데리크 그로 외/심세광 외 역, 『미셸 푸코 진실의 용기』 (길, 2006), 36.

할을 하는 식이다. 지식인 입장에서도 자신이 처한 자리에서 이미 지역적으로 특수한 투쟁을 하는 사람들과 제휴하는 정도의 연대가 가능할 뿐이다.6 이론도 거대담론과 보편성을 구시대적이라 하면서 개별성과 특수성으로 분화되듯 지식인의 역할도 미시적으로 세분화된 것이다. 이는 집단에 매몰되어 있던 중세에서 개인성이 분화되어 나온 근대를 거쳐 개인의 내면에도 중층의 다원성이 존재함을 민감하게 세분화하는 의식의 발달과도 상응한다.

환원될 수 없는 개별성에 민감하고 배려할 수 있는 의식의 발달은 분명 진전이다. 무차별적 평등주의가 종종 이를 뒷받침하고 정당화하는 논리로 차용된다. 누구도 누구보다 위에 있거나 우월하지 않다는 것이다. 문제는 평등을 도그마로 삼아 모든 구별을 차별이라 하고 가치의 우열을 따지는 모든 것을 억압이라 여기는 태도다. 그래서 '무차별적'이란 수식어를 붙인 것이다. 무차별적이어서는 나치나 IS도 한 표를 주어야 한다. 그들도 나름의 입장이고 존중받아야 할 한 개별성의 지위를 누려야 하니까 말이다.

켄 윌버는 이러한 무차별적 평등주의 뒤에 숨은 우월주의를 폭로한다. 모두가 평등하다는 아름다운 입장을 취하는 나는 얼마나 감탄할 만한가! 그러니 모두는 나를 우러르고 나의 말을 들으라. 당연한 얘기지만 누구보다 훌륭한 나는 누구의 말도 들을 필요가 없다. 놀랍게도 평등주의 이념이 자기도취적 우월성을 조장한다. 현실에서 평등주의 이념으로 무장한 집단이나 세력이 자신들은 누구의 말도 들

---

6 프란체스코 파올로 아도르노, "지식인의 임무: 소크라테스적 모델," 같은 책, 59-60.

을 생각이 없으면서 모두는 자신들의 말을 들어야 한다고 몰아붙이는 기막힌 역설을 보인다. 위에서 말했듯이 시대는 우리더러 더욱 세심하게 배려하는 의식으로 나아가라고 추동한 것으로 보인다. 누구도 누구보다 우월한 게 아니라는 말은 이전에 파묻혔던 입장, 인정받지 못한 개별성의 목소리를 존중하기 위한 논리다. 세 살짜리 자기 고집을 정당화해주는 것이 아니다. 윌버는 이런 식으로 유치원이 대학원 행세를 하는 모습을 '부머리티스'라는 개념으로 설명한다. 부머리티스란 베이비부머 세대의 기질쯤 되는 말이다. 이는 다원주의라는 상당히 높은 발달수준이 감정적 자아도취라는 저급한 상태를 끌어들이는 자석이 되는 것을 말하는 개념이다.[7] 베이비 붐 세대가 배양하고 전달한 평등주의와 상대주의가 이후 세대들의 자기도취적 우월성의 온상이 되는 현상을 말한다.

무차별 평등주의는 건강한 분별을 어렵게 만든다. 더 깊고 세심한 배려로 나아갔어야 할 평등의 이념이 착취자 세포 배양기처럼 되었다. 푸코도 세분화된 투쟁이 확장성 결여, 자원 부족, 고립의 위험이 있음을 말한다. 자칫 전국적인 정당이나 노조에 의해 조작될 가능성이 있다는 것이다. 세월호 참사 같은 한국인의 집단무의식에 상처를 각인시켰을 사건도 온갖 정치집단의 이해관계 각축장에서 조작되고 조롱받고 착취당한다. 언어로 가 닿을 수 없는 자식 잃은 부모들의 슬픔과 분노 주위에 어찌 그리 많은 언설들이 무례하게 오가는지….

나치의 악마성을 폭로하며 대항했던 칼 바르트가 헝가리 침공 때

---

7 켄 윌버/김명권 · 민회준 역, 『모든 것의 이론』(학지사, 2015), 53-55.

는 별반 말이 없자 사람들이 물었다. 왜 이 사태에 침묵하느냐고 말이다. 그러자 바르트는 이렇게 말했다고 한다. 나치에 대해서는 많은 사람들이 그 악마성을 알아보지 못해서 나라도 나서서 발언해야 했다고. 하지만 헝가리 침공은 누가 봐도 잘못인 걸 확연히 아는데 나까지 떠들 필요가 있는가··· 발언의 파급력, 영향의 규모야 여하튼 지식인에게 여전히 현인, 예언자, 입법자 역할이 남아있다고 생각한다. 무차별 평등주의 이면의 위선, 미숙한 도덕성 발달, 자아도취는 현재도 고발할 지식인 예언자의 수가 모자란 것 같다.

그루테에게서 시대의 거짓과 위선에 나름의 방식으로 응답한 지식인 예언자의 모습을 본다. 게다가 착취자 세포에 저항할 공생세포들이 되라는 식으로 공동체 생활을 권고했고, 제자들은 이를 실천에 옮겼다. 오늘날도 눈 밝은 지식인들과 진정한 우정의 관계 공동체는 필요하다. 설령 그 역할과 영향력이 푸코식으로 잘게 쪼개진 것이어서 고작 주위나 밝힐 정도에 그친다 하더라도 말이다.

8 장

마르틴 루터의 영성
: 진실의 비언어적 측면에 다가가기

일면적으로만 해석된 루터

종교개혁 하면 떠오르는 이름이 루터일 것이다. 물론 우리나라에서 루터교회는 그리 크지 않고, 오히려 칼뱅으로 대변되는 장로교회가 성하다. 그러나 한국 개신교 정통주의 신앙의 현재를 루터를 통해 생각해보는 게 그리 무리는 아닐 것이다. 루터 이후 루터파 내에서는 정통주의와 경건주의의 두 흐름이 순차적으로 나타난다. 이 두 흐름의 교차는 한국 개신교의 흐름을 읽는 데도 도움이 된다. 진보-자유주의 패러다임도 한 축을 차지하지만 규모면에서 크지는 않았다. 언제나 보수-근본주의 패러다임이 한국교회의 주류를 차지했고, 그 흐름을 보면 정통주의와 경건주의 성격의 신앙이 서로 교차하며 넘실댄 것으로 보인다.

교회가 사회의 타락을 걱정하는 게 맞을 터인데 지금은 사회가 교회를 걱정한다고들 한다. 교회의 타락, 도덕적 해이와 불감증이 그만큼 심함을 비꼬는 말이다. 교회의 도덕적 해이moral hazard가 정통주의 성격의 신앙과 상관이 있다는 게 내 생각이다. 혹자는 한국교회의 구원관이 구원파를 이단이라 공격하면서도 닮아있다고 꼬집는다.1 이 관점에서 보자면 구원은 나의 도덕적 변화, 인성의 달라짐과는 무관하다. 윤리를 내세우는 건 인간이 자기 공로로 구원받겠다는 방자한 수작이다. 인간은 뼛속까지 타락한 전적인 죄인일 뿐이다.

그럼 이 죄인은 어떻게 구원을 받는가? 예수 그리스도께서 이루신 공로, 그 객관성에 의존할 수밖에 없다. 그것은 나의 외부, 바깥에서 벌어진 일이다. 나의 내부, 주관성에서는 구원에 기여할 만한 것이 없다. 나자렛에서 무슨 선한 게 나오겠는가. 누군가가 내 외상값을 대신 갚았으니 그 사실을 받아들이기만 하면 된다. 혹은 법적으로 신분이 바뀌어 너는 더 이상 난민이 아니니 그 사실을 믿기만 하면 된다. 문제는 여전히 가서 외상을 지고, 여전히 난민처럼 행동한다는 것이다. 이런 식의 소위 객관적 구원이란 중세의 면죄부와 기능이 비슷하다. 성직자가 축첩을 해도 면죄부만 사면 그만이듯 구원은 나의 변화와 무관하게 따 놓은 당상이니 나는 욕심대로 살면 그만인 것이다.

---

1 풀러 신학교의 김세윤 박사가 한국교회의 위기를 '도덕적 타락과 신학적 부패'라고 지적하면서 한 말이다. kr.christianitydaily.com/articles/76495/20131216/ 김세윤-교수-구원파-이단이라-하면서-사실상-구원파적-복음-선포.htm

이런 구원관이 어째서 정통주의와 상관이 있는가? 신비주의는 우리 안의 그리스도Christ in us를 강조한다. 반면 루터는 우리를 위한 그리스도Christ for us를 강조했다. 이 그리스도는 외부에 존재한다. 따라서 그리스도의 구원 역시 우리 외부에서 주어지는 무엇이다. 정통주의는 이 강조점을 계승한다. 왜 루터는 그리스도와 구원의 객관성을 강조했던 걸까? 다른 종교개혁가들과 마찬가지로 루터도 당대에 만연했던 불건전한 신비주의를 걱정했기 때문이다.2

14세기부터 우후죽순 격으로 솟아난 신비주의적 영성운동들이 많았다. 이 가운데 일부는 교회가 공식적으로 끌어안음으로써 지금껏 가톨릭교회 내에서 지속되는 신심행위가 되었다. 묵주기도를 비롯해서 성체조배 등이 그러하다. 하지만 많은 것들이 기원을 알 수 없는 수상쩍은 것들이었다. 앞에서도 언급했지만 연구자들은 중세의 신앙이란 고작해야 이교적 미신에 그리스도교의 겉옷을 슬쩍 거친 정도였다고 말한다. 교회가 영적 갈증을 채워주지 못하자 사람들이 알아서 나름의 소스를 찾아서 욕구를 표현하다 보니 난맥상이었다. 도무지 어떤 의미에서 그리스도교 신앙의 표현이라 할 수 있는지 의심스러운 것들이 많았다. 종교개혁자들은 이를 한 마디로 '성서적 신앙'의 결핍으로 보았다.

오늘날 이와 유사한 현상이 있다면 뉴 에이지 운동을 꼽을 수 있을 것 같다. 어떤 그리스도인들은 이 운동의 자원이 이교적이라는 것 때문에 거부감을 갖는다. 중세가 그러했듯 현대의 서구에서도 많은

---

2 Bengt Hoffman, "Lutheran Spirituality," in *Spiritual Tradition for the Contemporary Church*, 148. 후대에 Christ in us를 강조하고 나온 것이 루터교 경건주의다.

이들이 그리스도교에서 영적 갈증을 해소하지 못한다. 이럴 때 인간의 종교성은 대안을 찾아서라도 출구를 모색한다. 20세기의 서구는 동양종교에서 그 대안을 모색했다. 그래서 서구 그리스도교가 지금은 타종교, 특히 동양종교와 맞닥뜨려 화학변화를 일으키고 있다고도 말한다.

이런 면에 주목해서 뉴에이지운동을 그리스도교가 아닌 이교, 특히 동양에 젖줄을 대고 영성을 모색하는 것으로 정의하기도 한다. 실제로는 이교적인 내용인데 겉만 그리스도교로 포장한 것들에 경기를 일으키는 그리스도인들이 많다. 트로이목마처럼 그런 것들이 그리스도교 신앙의 순수성을 무너뜨릴 것으로 걱정한다. 초기 종교개혁가들이 당대 그리스도교 상황을 보면서 염려한 것이 이와 비슷했을 것이다. 그래서 그들은 이현령비현령耳懸鈴鼻懸鈴의 난맥상을 타파하고 신앙의 객관적 기준을 확립하고 싶어 했다. 그래서 성서, 그리스도, 구원의 객관성을 강조했던 것이다.

그런데 내가 보기에 뉴 에이지 운동은 이교적 혼합이어서 문제인 것만은 아니다. 사실 우리처럼 동아시아 사람들이 그리스도교를 받아들였을 때는 그 이해와 수용 과정은 별 수 없이 혼합주의적이다. 번역의 상황이 단적으로 그러하다. 라틴어로 데우스Deus를 하느님 혹은 하나님으로 번역하는 과정에서 동양적이고 이교적인 개념의 혼용은 불가피하게 일어난다. 우리나라 초창기 선교사들도 이 문제를 고민하다가 불가피하다고 판단하여 수용했다. 낯선 이방 문화의 개념과 용어를 접했을 때 기존 문화의 개념과 용어를 두루 살펴 가장 근접해 보이는 것을 역어로 쓸 수밖에 없다. 동아시아의 도道 문화권이 로고스 문화권의 용어를 접해 옮기는 과정에서 이미 서구 그리스

도교와 동양종교의 습합은 일어난 셈이다.3

뉴에이지운동의 문제는 자기부인이 없어 보인다는 점이다. 요즘의 사조는 뭐든지 아원자亞原子화 되어 둘도 같지 않음을 강조한다. 이것이 무차별 평등주의로 뒷받침되면서 숨은 우월주의, 자기도취를 조장하는 사태를 앞에서 언급한 바 있다. 뉴 에이지도 그만 못지않게 자기도취를 조장한다. 일종의 유아적 자기 전능감을 조장하는 것 같다. 이는 뉴에이지가 개인주의를 바탕으로 뷔페에 가서 입맛에 맞는 것만 골라먹는 식 접근을 하기 때문이다. 여기엔 자아의 불편함을 감수함이란 덕목은 존재하지 않는다. 시크릿 류가 그러하듯 뭐든지 마음먹은 대로 된단다. 이것은 자아를 신으로 삼는 수작이다. 자기부인, 자기 비움이 없는 영성이란 믿을 수가 없다.

무엇보다 이런 운동이 사람 사는 세상을 더 나은 것으로 만들지는 못할 것이다. 이념적 세 살짜리든 영성적 세 살짜리든 세 살짜리다. 지금 세상은 대학원생 행세하는 유치원생들로 넘쳐난다. 루터를 비롯해서 종교개혁가들이 당대의 대중 신심들을 비판한 것은 단순히 그리스도교적 근거가 불충분하다는 것 때문만은 아니었다. 당시는 교회개혁이 곧 사회개혁이었다. 유행하는 신심들이 지나치게 사적이고 주관적이어서 사회를 개선하는 동력이 되지 못하는 점을 그들은 비판적으로 본 것이다. 대승적 사회지향을 지닌 종교개혁가들이 소승적 자기 몰두의 영성을 비판했다고 볼 수 있겠다.

그러므로 루터와 종교개혁가들의 객관성 강조는 신앙이 지나치

---

3 중국의 한문성경을 펼치면 요한복음 1장 1절의 "태초에 말씀이 있었다"는 내용이 "太初有道"로 나온다. 로고스가 道로 번역되고 있는 것이다.

게 주관내면성에 기울어진 것을 균형 잡으려는 노력으로 보는 것이 맞다. 그 맥락을 벗어나면 균형의 의미는 퇴색하고 일방적이 된다. 후에 정통주의가 드러낸 약점이 그것이다. 객관성이 전부가 된 것이다. 이걸 균형 잡기 위해 경건주의가 등장한다. 경건주의는 이성적 객관성보다는 개인의 정서적 체험을 더 중시한다. 각자의 의미는 서로가 맥락으로 존재할 때 드러난다. 따로 떼어놓으면 자칫 부분이 전체 행세를 하게 된다. 어느 루터 연구가는 이렇게 말한다.

> 루터의 사고체계에는 신앙을 개인의 체험과 비이성적 힘에 대한 의식으로 말하는 용어들의 범주가 있다. 그러한 용어들은 표지와 말씀이라는 외적인 것이 "마음"과 "감정"이라는 내적인 것을 가리키고 거기 이어지는 것이라는 루터의 신념을 알게 해준다. 하느님이 의를 부여하신다는 말은 사실 루터 자신의 표현처럼 "신비의 눈으로" 보고 체험하는 그리스도의 내주하심을 빼고서는 공허한 말이다.[4]

루터파만 놓고 보더라도 루터정통주의가 등장하고 이어 루터경건주의가 등장한다. 둘 다 루터에게 젖줄을 댄다. 정말 그럴 만한 근거가 루터에게 있었을까? 루터 연구자들에 따르면 '그렇다'이다. 그동안 사람들은 루터에게서 정통주의의 면만을 두드러지게 보았다. 그러니까 루터 안에는 정통주의와 경건주의가 다 들어있었다는 말이다. 심지어 신비주의적 요소도 들어있다. 사실 루터는 신비주의와도 나름 친숙했다.[5]

---

4 Bengt Hoffman, *Luther and the Mystics* (Augsburg Press, 1976), p.14.

바울로를 이해할 때도 결정적 전환점이 된 다마스커스 체험이라든가 삼층천에 올라간 경험 같은 건 무시하고 그가 명시적으로 말한 이신득의 혹은 칭의 같은 교리만 강조할 수 있다. 비슷한 일이 루터에게도 벌어졌다고 볼 수 있다. 루터 자신의 말을 들어보자.

성령은 우리 안에 현존하시면서 은사를 베푸신다. 그렇다. 성령 자신을 위해 은사가 우리 안에서 작동하는 것이다. 내가 의롭다함은 부여받은 것이기 때문에 나는 아무 공로 없이 내 죄가 용서받았음을 안다. 그러나 여기서 중요한 것은 내가 그 사실을 느낀다(센티레sentire)는 것, 그래서 내가 어떤 식으로든 그 사실을 이해하고 있다는 것이다.6

루터는 교리에 대한 지적 동의만을 표명한 게 아니다. 자신이 객관적 교리의 의미를 경험으로 이해하고 있다는 것이다. 정통주의의 객관적 교리에 대한 믿음과 경건주의의 주관적 체험이 그에게는 통으로 하나다. 다만 시대 상황 때문에 루터는 신앙의 객관성을 강조했을 뿐이다.

정통주의는 루터가 말하는 이 주관적 경험의 면, 은총과 신비의 그리스도를 그저 고백적인 걸로 처리해버리고 만다. 고백이란 말 그대로 그렇게 고백하기로 의지의 선택을 하는 행위다. 이제 신앙은 명

---

5 Hoffman, "Lutheran Spirituality, 150-152.

6 Martin Luther, *D. Martin Luthers Werke, vols. 1-58, kritische Gesamtausgabe, Weimarausgabe* (Weimar: Hermann Böhlaus, 1883-1987), vol. 40, 2; 422, 1-5 (on Psalm 51, 1532). Ibid.에서 재인용.

제에 대한 지적 동의 내지 의지의 선택으로서 고백이 되었다. 지금 한국교회 주류의 신앙과 구원관은 다분히 그러하다. 심지어 지적으로 납득이 되지 않아도 무조건 받아들이는 믿음, 믿져야 본전이라는 불성실한 고백으로 전락해 있는 경우도 많다.

진실의 비언어적 측면

뇌에서 좌뇌는 언어중추가 있어 언어표현을 담당하고 우뇌는 비언어적 뉘앙스와 톤을 담당한다. 우리가 무언가를 이해하고 파악한다고 할 때 좌뇌와 우뇌가 협력 작용하는 것이다. 대화를 나눌 때에도 언어로 표현된 내용보다 무의식적인 몸짓, 표정, 음성의 톤 등이 훨씬 중요하다. 그러니 언어 기록으로 남겨진 것만 갖고 그 사람 생각의 전모를 이해하기가 여간 난망한 노릇이 아니다. 당사자가 눈앞에 있는 것도 아니고 그가 남긴 기록이란 아무래도 우뇌의 비언어적 정보는 충분히 담아내지 못했을 공산이 크다. 작가란 소통 불가능한 것의 소통을 위해 언어를 사용하는 사람이라 했을 때 이런 사태와 무관하지 않다.

대학 성폭력위원회에 몇 년 참여한 적이 있다. 비교적 사안이 분명해서 판단하기 어렵지 않은 것들도 있지만 위원회에 올라온 건들은 대체로 복잡했다. 그래서 위원들 간에도 갑론을박이 벌어지면서 서로 얼굴 붉히는 일도 적지 않았다. 밤에 집에 돌아와 오늘 내린 결정이 누군가를 억울하게 만든 건 아닌지 곱씹으며 잠 못 이루곤 했다. 진실의 실체에 다가가기란 그처럼 지난하다. 신문기자들이 육하

원칙을 가지고 기사를 쓰듯 언제, 어디서, 누가, 무엇을, 어떻게 하는 물음의 답을 갖고 씨름하는 수밖에 없었다. 그나마 왜의 물음에 이르면 사태는 복잡해진다. 당사자들의 주장이 갈리는 부분이기도 하거니와 위원들의 해석 또한 중구난방이 되는 지점이 거기다.

토론, 때론 언쟁을 하면서 자주 떠올린 것이 의미가 어디 놓이는지에 관한 예술이론이었다. 크게 보아 작가의 의도, 독자의 반응, 텍스트 그 자체, 무의식의 네 곳 중 어느 한 곳에 결정적 의미가 있다고 보는 것이다. 작가의 의도를 파악하려 드는 것은 가장 고전적 접근방식이라 할 수 있다. 교회에서 성경공부를 하면서 사도 바울로가 이러저러한 기록을 남긴 것은 이러저러한 의도 때문이라고 분석하는 식이다. 하지만 오늘날 이런 접근은 너무나 낡은 옛날 방식 취급을 받는다. 이론의 처지와 마찬가지로 현실에서도 의도의 주장은 평가절하 되곤 한다. 성추행이나 성희롱 사건에서 가해자로 지목된 이가 자신의 의도는 그게 아니었다고 주장해도 크게 쳐주지 않는다. 발뺌하려는 수작으로나 볼 뿐 크게 의미를 부여하지 않는 것이다. 여하튼 혐의를 부인하는 이들은 의도이론 비슷한 입장을 많이 취했다.

독자의 반응이론은 오늘날 가장 득세한 이론적 입장 같아 보인다. 당신의 의도가 무엇이었든 그 말과 행위가 내게 불러일으킨 반응이 사건의 결정적 의미라는 것이다. 이런 얘기를 들었다. 어떤 교수가 국가의 미래를 위해 여학생들에게 결혼하면 아이를 많이 낳아야 한다고 말한다. 그러자 여학생들은 여성이 애 낳는 기계냐면서 성차별적 발언이라고 성토한다. 사건의 의미는 화자의 의도와 상관없이 청자의 반응을 위주로 결정된다. 그리하여 교수는 사과를 요구받는다. 하지만 서로 발언의 의미맥락을 헤아리는 역지사지만으로도 상호존중의 예의를 챙길 수 있지 않았을까 아쉬움을 느꼈다.

의도나 반응과 별도로 실제 말과 행위가 무엇인가를 보는 것이 텍스트이론이라 할 수 있다. 구체적으로 오간 말과 행위는 심중의 의도나 반응을 살피는 것보다는 훨씬 객관적이다. 구조주의란 이렇게 텍스트를 텍스트 외의 요인과 무관한 자족적인 것으로 간주하는 것이다. 경찰이 강력사건을 다룰 때나 법적인 공방이 벌어질 때는 다분히 증거주의, 즉 제3자도 확인 가능한 텍스트로서의 증거를 중시한다. 위에서 언급한 위원회 활동에서도 다분히 그러했다. 물론 이 경우에도 텍스트의 복원은 만만찮다. 당사자 진술에 의거해야 하는데 각자의 스토리가 전혀 별개의 두 이야기 같을 때도 많다.

여하튼 그 순간 그 현장에서 교환된 언어와 행동을 최대한 확인하고 이에 입각한 판단을 내리려고 노력하는 것이 한계이자 최선이었다. 이때는 신문기자들이 육하원칙을 따르듯 하는 것 말고 위원회라고 별수는 없었다. 한껏 당사자 간에 오간 말과 행동을 복원해놓고 거기 준해서 판단을 내릴 수밖에 없다. 그런데 텍스트를 자족적인 체계로 보는 구조주의 이후에도 구조의 역사성과 상대성을 고려하는 후기구조주의가 등장한다. 마찬가지로 객관적으로 확인한 말과 행동의 텍스트에도 여전히 골치 아픈 해석의 문제가 따라붙는다. 위원회에서도 "그런 말은 요즘 세대 여학생들에게는"이라든지, "그런 표현방식은 보수적이었던 우리 때와는 달리" 하는 식의 언사가 오갔다. 역사성과 상대성을 고려하는 다분히 후기구조주의적 감각이었다 하겠다.[7]

---

7 여기 간단하게 제시한 의미해석에 관한 대략적 입장을 살펴보려면 켄 윌버/김철

위에서도 말했지만 육하원칙 중 '왜?'는 정말 골치 아픈 대목이다. 여기에 이르러 의미이론 중에서 무의식이론을 떠올리게 된다. 무의식이론이란 당사자들도 잘 모르는 의미맥락이 작동한다는 말이다. 갖가지 이론이 무성해지는 대목이기도 하다. 프로이트는 무의식의 숨은 욕망을 말하고, 마르크스주의는 경제적 현실의 계층구조가 반영될 거라 말하고, 페미니즘은 숨은 젠더 구조가 작용하는 거라 말한다. 이러한 맥락은 당사자들도 잘 모르고 전문비평가들이나 그 흔적을 통해 탐지하고 폭로할 수 있는 것이다.

이래저래 어두운 사건일수록 진실의 실체에 다가가기란 여간 난망한 노릇이 아니다. 소통 불가능한 것을 소통하려고 씨름하는 걸 작가적 특성으로 말하지만 따지고 보면 언어를 소통수단으로 삼는 인간의 숙명이 그러하다. 태양에 근접할 수 없는 이카로스의 날개처럼 인간의 언어와 이성이란 진실에 다가가기에 무척 무력하다. 그럼에도 그 애처로운 노력마저 접어버리면 인간은 그나마의 인간다움마저 저버리게 될 것이다. 어려워도 가닿으려고 노력하는 것과 어렵다고 접어버리는 것은 한 끗 차이일 것이다. 그러나 그 한 끗 차이에 위태롭게 매달린 인간다움이 사람 사는 세상의 보루다.

이런 말을 하는 이유는 '왜?'라는 질문 앞에서 쉽게 이념화의 길로 치닫는 사람들을 자주 목도했기 때문이다. 이념화란 이런 것이다. 미국에서 개그맨들이 더 이상 대학에서 무대에 서길 거부한 지 오래되었다고 한다. 농담을 농담으로 받아들이지 않고 이념으로 검열하

수 · 조옥경 역, 『아이오브스피릿』(학지사, 2015)의 제4장 "통합예술 및 문학이론(제1부)"을 보라.

는 통에 진력이 나서라고 한다. 이때 벌어지는 일은 농담의 텍스트를 맥락과 분리시키고 그 고립된 텍스트를 이념 검열의 맥락에 위치시키는 것이다. 갑자기 웃자고 한 말이 심각한 언어폭력, 사상검열의 증거로 돌변한다. 이렇듯 텍스트만을 비언어적 맥락과 무관하게 고립시키면 버젓이 다른 목적을 위한 하나의 증거가 된다. 실제 그런 사례들을 접한 적이 있다. 그 순간, 그 자리에서 당사자들의 의도도 반응도 그런 모욕이나 상처주기와 무관하게 오갔다. 그러나 착취자 세포 같은 집단들이 이를 재빨리 이념화했다. 데마고기로 만들어 자기네 영향력 확대를 위한 프로파간다에 활용한 것이다.

더 끔찍한 것은 결말이다. 정작 당사자들은 실컷 이용당하고 껍데기만 너덜댄 채 뒤에 남겨진다. 인간의 역사에서 전체주의가 혁명의 외양을 뒤집어쓰고 비인간적인 세력이 연대와 유대를 말하는 경우가 적지 않다. 사이코패스, 소시오패스 같은 세력들이 뭐든지 이념화하고 서슴없이 가짜뉴스를 양산하면서 흡혈하는데 동행과 연대 같은 가장 아름다운 문구들이 동원된다. 악마도 광명의 천사를 가장한다는 성서의 말은 여전히 유효하다. 종교를 턱없이 무시해온 현대인들은 성서든 신학이든 악마가 뿔 달린 뻘건 얼굴로 나타나니 이를 믿으라는 식의 비합리적 신념을 강요한다고 상상한다. 하지만 성서에서 악마의 이름(본질)은 거짓이다. 현실에서 광명을 가장한 거짓을 꿰뚫어보게 하는 것이 신학적 통찰이다. 그런 의미에서 신학은 토모아키의 말처럼 매우 현실적인 학문이다.

신학이 눈에 보이지 않는 고도로 추상적인 세계를 취급하는 학문처럼 보이지만 실제로는 지극히 현실적인 정치나 사회에 영향력을 미치면서 인간의 행동을 구체적으로 규정해 온 학문이며, 오늘날에도 그러한 역할을 수행하고 있음을 밝히려 한다. 신학이라는 학문은 현실 문제에 대처하는 매우 탁월한, 그리고 손쉽게 사용할 수 있는 좋은 학문적 도구다.[8]

---

8 후카이 토모아키/홍이표 역,『신학을 다시 묻다』(비아, 2018), 38.

9 장

이냐시오 로욜라의 영성
: 수행으로 체화하는 지식

사람을 변화시키는 독서

16세기는 개혁의 시대다. 개혁을 위해 기존 교회와 결별을 감행한 사람들도 있고 종내 떠나지 않으면서 개혁을 위해 일한 사람들도 있다. 이냐시오 로욜라(1491~1556)는 후자에 속한 대표적인 인물이다. 스페인에서 출생한 그는 종교개혁이 한창이던 격동의 시대를 살면서 가톨릭교회 내부 개혁에 힘을 썼다. 종교개혁이라 하면 1517년 루터가 비텐베르크 성당 문에 95개조 반박문을 붙인 시점부터 1648년 베스트팔렌조약이 체결될 때까지를 이른다. 베스트팔렌조약은 유럽이 가톨릭 진영과 개신교 진영으로 갈라져 벌인 30년 전쟁을 끝내는 조약이다. 무려 8백만 명이나 죽고 끝난 이 전쟁은 인류

전쟁사에서도 가장 잔혹한 전쟁 중 하나로 기록된다.

이냐시오는 당시 유력한 사람을 후견인으로 삼고 인생 훈련을 받는 귀족 집안의 관습대로 1506년부터 왕실 재무상 벨라스케스의 집에 들어가 산다. 자신이 지향하는 삶의 방향에서 이미 성공한 사람을 보고 배우는 방식이다. 훗날 이냐시오는 이 무렵의 자신이 무척 방탕하고 무절제한 생활을 했노라고 고백한다. 명예를 얻는 것이 삶의 목표였고, 머리와 옷 등 외모에 관심을 기울이며 허영과 사치를 일삼았다는 것이다. 여성들이 피해야 할 남자 중 하나로 겉멋 든 남자를 꼽는다고 하는데 이냐시오가 그런 사람이었다.[1]

이냐시오는 방탕한 삶의 결과로 자식도 있었다는 설도 있다. 여하튼 그는 술집을 싸돌아다니며 여인들의 마음을 얻으려고 무모하고 위험한 짓도 서슴지 않았다. 현대 사회 같으면 명품족에 과시소비에 섹스 아레나의 헌터였을 인물이다. 이냐시오는 벨라스케스가 사망하자 군에 입대한다. 이때가 종교개혁이 발발한 첫해 1517년이다. 훗날 반종교개혁의 기수로 꼽히는 이 인물은 군대 생활 중에 자신의 개혁을 맞이한다.

프랑스군과 대치하던 스페인군이 수적으로 열세인지라 싸울 생각을 하지 않는 꼴을 본 이냐시오는 분기탱천했다. 명예심에 불타 주저하는 스페인군을 독려해 이냐시오는 무모한 전투를 감행한다. 전투 중에 그는 유탄을 맞고 부상을 당한다. 그리고 프랑스군의 포로가 된다. 그의 용맹에 인상을 받아서인지 친절하게도 프랑스군은 이냐

---

1 Barbara Bedolla & Dominic Totaro, S.J., "Ignatian Spirituality," in *Spiritual Traditions for the Contemporary Church*, 171-172.

시오의 부상을 치료해준다. 하지만 이때의 부상으로 이냐시오는 다리를 절게 된다.

그런데 이냐시오가 병실에서 지내는 동안 마땅히 읽을 책이 없었다. 이전의 습관대로 하자면 무협판타지 같은 거나 읽으면서 공상에 잠겨야 맞았다. 하지만 병실에서 그가 읽을 수 있는 책이라곤『그리스도의 일생』과 성인전인『황금의 전설』이라는 책뿐이었다. 그런데 이 마지못해 읽은 책들이 이냐시오의 삶을 바꿔놓는다. 사람들은 이냐시오 같은 성인이라면 무언가 기도나 신비체험 같은 게 있어 변화되었을 거라고 생각한다. 하지만 이냐시오는 독서를 통해 인생의 전기를 맞이한 인물이다. 독서는 흔한 경험, 인간에게 상당히 보편적인 경험이라 할 수 있다. 이냐시오의 삶은 진정 사람을 변화시키는 독서란 무엇인지 생각해보게 만든다.

이냐시오는 상상력의 성인이다. 그는 상상력이 풍부한 사람이었다. 늘 백일몽에 빠지듯 자신이 영웅이 되는 상상, 그래서 명예도 얻고 여인네들의 애정도 얻는 상상에 빠지길 좋아했다. 이렇게 상상력이 뛰어났던 이냐시오는 책을 읽을 때도 상상력을 적극 활용했다. 뇌과학에서 좌뇌는 직렬처리장치, 우뇌는 병렬처리장치라고 한다. 좌뇌는 선형적인 사고를 하는 반면 우뇌는 이미지로 생각한다는 것이다. 그래서 좌뇌는 논리적 수순을 따라 전개되는 분석에 능하고 우뇌는 모든 것을 하나의 이미지로 파악하는 직관에 능하다고 한다. 그렇게 보자면 이냐시오는 좌뇌적 언어 활동이라 할 글 읽기를 우뇌적 이미지 파악과 결합한 독서법을 썼다고 볼 수 있다.

훗날 이냐시오는 그의 걸작『영신수련』에서 오감법이라는 전인적 독서법을 소개한다. 성서를 읽고 묵상할 때 오감을 활용해서 적극적 상상을 하라는 것이다. 간단하게 소개해보면 다음과 같다. 요한복음 8장의 간음한 여인 이야기를 묵상한다 치자. 오감의 상상력을 동원해서 그 사건현장을 샅샅이 경험한다. 우선 사건현장에 자신이 가 있다고 상상한다. 상상이 되는대로 내맡기면 된다. 1) 시각적으로 그 현장을 상상하고 두루 살핀다(환한지 어두운지, 모인 사람들은 누구고 표정은 어떤지, 여인은 어떤 자세를 하고 있는지 등). 2) 청각적으로 현장에서 들려오는 소리들을 상상한다(성을 내며 고함치는 소리, 집어든 돌들이 부닥치는 소리 등). 3) 촉각적으로 현장을 상상하고 느낀다(땀난 얼굴을 스치는 바람의 느낌, 따갑게 내리쬐는 햇볕 등). 4) 후각적으로 현장의 냄새를 맡고 경험한다(사람들의 땀 냄새, 공기에 떠도는 냄새 등). 5) 미각적으로 현장의 맛을 느낀다(구체적인 맛을 상상하기 어려운 장면이라면 좀 추상적으로 현장의 느낌을 후각적으로 표현해보는 것도 좋다. 씁쓸한 경험이라든지 하는 식으로). 이렇게 상상해 들어가다 보면 어느덧 자신이 복음서 이야기 속에 들어가 있는 것을 발견하게 된다.[2]

이냐시오는 병실에서 이 적극적 상상을 통한 책읽기로 『그리스도의 생애』와 『황금의 전설』을 읽어나갔다. 그리고 이 독서로 그는 변한다. 전에 기사들의 무용담 같은 걸 읽고 상상할 때도 나름의 만족감은 있었다. 오늘날 청소년들이 판타지소설을 즐겨 읽는 이유도 따분한 공부 책과는 달리 상상력이 작동하기 때문이다. 이전 세대들은 무협소설을 통해 비슷한 경험을 했다. 로맨스소설 또한 '내가 만

---

2 『영신수련』 (66)~(70)에 전형적인 오감법 상상의 과정을 볼 수 있다. 윤양석 역, 『성 이냐시오의 영신수련』 (한국 천주교 중앙협의회, 1967), 45-46.

약 주인공이라면' 하는 식으로 상상력의 참여를 촉구한다. 그런데 이나시오가 발견한 것은 『그리스도의 생애』나 『황금의 전설』을 읽은 만족감과 감동은 훨씬 더 지속적이더라는 사실이었다.

이후 이나시오는 만레사 동굴에 들어앉아 거지같은 옷을 입고 기도와 금식, 철야에 힘썼다. 이때도 물론 성서를 묵상하면서 적극적 상상을 통해 기도하는 방식을 썼다. 그리고 역시 이전의 허황된 공상 때와는 달리 더 깊은 마음의 기쁨과 평화가 찾아옴을 경험했다. 이나시오는 이러한 자기 삶의 경험과 기도 방법을 메모해둔다. 그것이 『영신수련』이다. 그는 자신이 경험하여 안 것을 다른 사람들과 나누었다. 그러자 다른 사람들도 그와 같은 체험과 깨달음을 얻게 되고 마침내 예수회가 탄생하게 된다.

정보와 지식의 차이

물론 이나시오가 순전히 독서만으로 사람이 변화되고 그리스도교가 기억하는 영성가가 되었다고 말할 수는 없다. 그도 다른 신비가들처럼 깊은 기도의 체험이 있어 변화되었고 오늘날 많은 이들이 따르는 영성의 스승이 된 것이다. 그가 머물며 기도했던 만레사 동굴을 방문했던 어느 수도자가 한 말이 기억난다. 동굴에는 그야말로 영적인 기운이 충만해서 잠시만 기도해도 깊은 기도의 체험이 우러나오더라는 것이다. 그러므로 이나시오 체험의 깊이와 넓이는 그저 독서로만 한정짓기는 좀 그렇다. 하지만 그의 영성 중심에 성서 읽기와 묵상이 있는 것만은 사실이다.

이냐시오의 영성이 성서 읽기를 근간으로 한다는 점은 『영신수련』을 펼쳐본 사람이라면 누구나 금방 알 수 있는 특징이다. 요즘은 한국에서도 개신교와 가톨릭 사이의 거리감이 많이 누그러진 분위기다. 그래서 전 같으면 접근하지 않았을 가톨릭 영성의 자원들에 개신교인들도 별반 거부감 없이 접근하고 수용한다. 영성 유행의 시대, 종교다원사회의 시대를 맞이해서 수많은 영성의 자원들이 널려있다. 그래도 그리스도인들은 자신들의 영적 갈증을 해소할 물을 그리스도교 정체성의 우물에서 길어 올리고픈 욕구를 갖는 것이 당연하다. 한국 개신교 진영에서 이냐시오 로욜라 영성의 인기는 상당하다. 이는 이냐시오의 성서 중심 영성이 개신교와도 잘 어울리기 때문일 것이다.

이냐시오의 『영신수련』으로 인해 예수회가 탄생한다. 하지만 그의 가르침은 사제수도회인 예수회에 국한되는 것이 아니다. '예수회 영성'이라고 할 때와 '이냐시오 영성'이라고 할 때 조망의 범위에 차이가 있다. 뒤의 표현에는 예수회 소속 여부와 무관하게 이냐시오의 가르침을 따르는 보다 광범위한 대중이 상정된다. 마치 프로이트의 고전적 접근을 충실히 따를 때 '정신분석'이라 하지만 정신분석에 근간을 두는 보다 광범위한 접근방식을 통칭해서 '정신역동'이라 칭하는 언어 용법과 비슷하다.

이냐시오는 중세 유럽의 명문대학이라 할 살라망카대학과 파리대학에서 공부한 지적인 인물이다. 그의 지성적 특성이 예수회에도 고스란히 전해져 예수회 하면 사람들이 그 학구적 풍모를 떠올릴 정도다. 그래서 예수회를 도미니코회와 더불어 가톨릭의 두뇌라고 표현하기도 한다. 그런데 오늘날 공부를 지적으로만 잘하는 사람들은 많다. 심지어 지식은 뛰어나지만 인성이나 삶과는 따로 노는 사람들도 많다. 심리학의 용어로 '논리 불통의 방logic-tight compartment'이라는 말이 있다. 마치 한 사람 안에 여러 심리 현실이 들어있고 이들 간에는 논리적으로 앞뒤가 맞지 않는 모순관계가 있는데도 당사자는 갈등이나 괴로움을 느끼지 않는 걸 말한다. 자신이 공부하고 떠들고 있는 것과 실제 삶이 논리 불통의 방처럼 따로 노는 현상은 지적 세계에 만연해 보인다.

이나시오를 통해서 지식과 삶의 관계를 다시 생각해보게 된다. 오늘날은 정보사회여서 한 개인이 향유하는 정보의 양이 예전 한 국가가 가질 수 있었던 것과 맞먹는다고 한다. 정보를 곧장 지식과 동일시한다면 현대인처럼 지식이 많은 사람들도 없다. 교실에서 교수가 강의할 때도 그 말이 맞는지 바로 컴퓨터나 휴대폰으로 검색해서 확인할 정도다. 이젠 교사라고 해서 더 많이 안다고 전제하기도 어려운 세상이다.

하지만 정보와 맺는 관계를 생각하면 얘긴 달라진다. 정보 접속이 요즘처럼 용이한 세상에서 정보는 그야말로 일회용품과 같다. 쓰고 버리면 그만이다. 대학생들도 리포트를 인터넷 검색에 의존해서 작성한다. 그리고 배설물처럼 휙 내버리고 잊어버린다. 그 정보는 내 곁을 잠시 스치고 지나갔을 뿐 자아에 아무 위협도 되지 않는다. 변화와 무관한 정보라는 말이다. 무언가 자아를 불편하게 하고 위협을 가하는 것이라야 자아의 변화를 기할 수 있다. 성장도 변화도 잘 들여다보면 종교가 말하는 자기부인과 같은 성격이 들어있다. 어린 아이가 젖을 먹다가 굳은 음식을 먹을 때도 그러한 자기부인의 불편함을 맞닥뜨린다. 익숙한 자아의 방식이 부정당하고 아직은 이질적이고 타자적인 것을 수용할 때 변화도 성장도 일어난다.

'지식'을 사전에서 찾아보면 그냥 아는 것이 아니다. 실천을 통해 명확히 이해하게 된 무엇이라는 의미가 있다. 동양식으로 말하면 수행을 통해서 깨닫게 된 지식이다. 수행이란 '나를 다시 하는 것'이다.[3] 그리스도교 표현으로 하자면 '거듭나는 일'이다. 거경궁리居敬窮理 격물치지格物致知라는 동양의 공부법은 몸가짐과 더불어 깊이 파고드는 공부를 말하는 것이다. 지식의 의미를 이렇듯 무겁게 생각해본다면 사색을 통하지 않은 지식은 지식이 아닌 셈이다. 정보는 사색을 거쳐 지식이 된다. 좀 더 동양식으로 말한다면 정보는 수행을 거쳐야 제대로 된 지식이 된다. 사색 내지 수행을 통해 알게 된 지식은 지혜가 된 지식이다. 혜慧는 혜惠가 될 수 있는 앎이다. 자신과 주변을 밝혀 베푸는 것이 될 수 있는 지식이다.

한병철은 현대인이 사색의 기술을 상실했다고 진단한다. 그런데 그가 말하는 사색이란 관조와 같은 말이다. 그리스도교에서 말하는 신을 직관하는 '관상contemplation'과 동의어다. 이렇게 머물러 헌신하며 고요히 바라보는 사색 혹은 관조라야 "인간을 신들의 곁으로 데려간다."[4] 그리스도인들이 관상을 한다 할 때는 내 입장에서 신을 설득하고 바꾸어보려는 욕망을 접는 걸 의미한다. 비록 현실에는 그런 욕망의 기도가 넘쳐나지만 말이다. 다만 기다리고 머물러 스스로 드러나는 하느님을 다만 마주하고 받아들일 따름이다. "이 몸은 주님의 종이오니 말씀대로 이루어지이다" 했던 성모 마리아처럼 말이다(루가

---

3 박현, 『불교수행요론』 (바나리, 2001), 19.
4 한병철/김태환 역, 『시간의 향기』 (문학과지성사, 2013), 138-140.

1:38). 이런 사색 혹은 관조가 없이 자기 뜻대로 대상을 주무르고 이익에 보탬이 되는 정보로만 접하는 현대의 독서, 공부에는 '나를 다시 함'이 없다.

이러한 독서와 공부는 나는 이 말을 성경공부를 그토록 많이 했어도 인성변화와는 무관해 보이는 그리스도인들의 성서읽기에도 적용된다고 생각한다. 이냐시오를 변화시킨 독서, 그가 타인들에게 전해 그들도 변하게 한 독서는 결국 사색의 기술을 통한 독서요 수행을 곁들인 독서법이다. 이런 독서는 나를 다시 빚고 거듭나게 한다. 『영신수련』은 결국 조급한 현대인들을 성서 앞에 잡아 앉혀 온몸으로 사색하게 하는 도구다.

제3부

〈지도〉

고전 영성발달론의
이해와 확대

1 0 장
개혁주의 영성
: 영성의 사회적 차원

'개혁주의'란 16세기 종교개혁으로 탄생한 개신교 중에서도 루터 파와는 구별되는 칼뱅주의를 가리키는 말이다. 유럽에서도 독일이 나 스칸디나비아 일대를 제외하곤 칼뱅주의가 개신교의 대세였던 점을 감안하면 개혁주의는 개신교 주류라 할 수 있다. 특히 한국에서 는 개신교 가운데 장로교회의 교세가 절대적으로 큰 상황이므로 개 신교 영성을 개혁주의 영성이 대표한다고 해도 큰 무리가 없을 것이 다. 그러므로 이 장에서 개혁주의 영성을 논할 때 한국 개신교 전반 을 염두에 둘 생각이다.

그런데 요즘 영성 유행의 시대라고는 하지만 '개신교 영성'이란 표현은 좀 낯설다. 워낙 개신교에서 '영성'이란 용어를 수용한 지 얼 마 안 되었다. 아직도 그런 용어가 거부감을 느끼는 이들도 적잖다.

가톨릭에서나 쓰는 말이라고 생각하는 것이다. 하지만 가톨릭도 사정은 크게 다르지 않다. 1980년대 중반 이후에나 쓰기 시작한 말인 것이다. 80년대 중·후반에 만난 어느 가톨릭 신부님이 "영성신학? 그런 신학도 있나?" 하고 말씀하시던 장면이 기억난다. 물론 그 시절은 군사독재와 싸우고 약자들을 향한 교회의 사회적 책임을 논하던 시대다. 그런 마당에 영성 운운하는 것은 산에 들어가 도나 닦자는 수작 같이 들렸을 시대 분위기다. 그 신부님도 다분히 그런 감각에서 말씀하셨던 것으로 안다.

여하튼 가톨릭교회에서도 영성이란 말이 쓰이기 시작한 것은 제 2차 바티칸공의회 이후의 일이다. 지금 영성신학이라고 하는 것도 전통적으로는 수덕 신비신학이라고 했다. 신·구교를 막론하고 그리스도교가 영성이란 용어를 사용한 지가 그리 오래지 않다는 말이다. 사실 영성이란 말은 그리스도교 외부에서 먼저 통용되기 시작했다. 학계에서도 종교학자들이 먼저 쓰기 시작했다. 종교를 연구할 때 외적인 측면보다 내적인 경험을 다루기 위해 쓰기 시작한 말이다. 어느 종교의 교리, 제도, 의례, 실천에 대해서는 얼마든지 외부에서 객관적으로 관찰하여 기술할 수 있다. 그러나 그 종교를 통해 산출되는 내적 경험은 경험자의 자기진술을 상호 주관적으로 이해하고 해석할 수밖에 없다.

이전에도 그리스도교와 타종교의 조우가 없었던 건 아니지만 글로벌한 관점에서 본격적으로 종교다원성을 의식한 것은 20세기에 들어서다. 역사학자 아놀드 토인비는 20세기 가장 중요한 사건을 묻는 질문에 "동양에서 불교가 건너와 서양의 그리스도교를 대체하게 된 일"이라 답했다 한다. 인도의 마하리시 마헤시 요기가 비틀즈를 통해 서양의 젊은이들에게 초월명상을 유행시킨 것도 20세기의 일이다. 미국도 1960년대에 들어 비유럽계 이민을 허용하면서 동양종교들의 유입을 대거 경험하였다. 1962년에서 65년까지 열린 가톨릭의 제2차 바티칸공의회도 타종교의 현존을 의식한 자리였다. 타종교에서도 배울 점이 많다면서 이전에 비하면 획기적이리만치 전환적인 자세를 취한 공의회였다.

이러한 다원 종교 상황에서 여러 종교의 내적 경험 차원을 다루기 위해 '영성'이란 용어가 쓰이기 시작한 것이다. 번역어가 필요한 상황에서 이전에는 그리스도교 내부에 국한되어 있던 영성이란 말이 범용되기 시작한 셈이다. 영성spirituality이란 말도 라틴어 spiritualitas에서 온 말이라고는 하나 이전에는 명사 단독으로 쓰이는 경우도 드물었다. 오히려 형용사 spiritualis가 더 많이 사용되었다. 우리말로는 그저 '영적인 무엇'이라는 표현에나 동원되던 말이다. 하지만 그렇게 말할 때 무언가 내면의 의식에서 다분히 주관적으로 경험되는 바를 가리켰던 용법으로 해서 차용된 말이 영성이다.

윌버의 영성 정의 다섯 가지

영성 유행의 시대라고는 하나 여전히 영성은 정의하기 까다로운 말이다. 얼른 손에 잡히지 않고 미끌미끌하게 빠져나가는 단어다. 굉장히 다의적으로 쓰이다보니 엄밀함이 부족하다고 여겨 이 단어의 사용을 꺼리는 사람들도 많다. 아무렇게나 갖다 쓰는 이현령비현령의 언어로 평가절하하기도 한다. 그럼에도 사람들이 이 말을 어떤 의미로 사용하는지 언어 용법을 살핌으로써 영성이란 말의 의미를 포착하고 정리해낼 수 있다. 무엇보다 이 용어가 범용되기 시작한 역사적 맥락을 고려하면 '주관 내면의 의식 경험'이라는 뜻은 내내 남는다고 볼 수 있다. 켄 윌버는 영성이란 말이 일상 언어에서 통용되는 의미 다섯 가지를 아래와 같이 정리한다.

1) 우선 영성은 인간이 무얼 하든지 그 최고봉의 경지를 표현하는 말로 쓰인다.
2) 여러 발달 라인의 최고 수준을 총합한 전체성을 이르는 말로 쓴다.
3) 지성이나 감성처럼 영성도 별도로 발달하는 무엇이다.
4) 개방성이나 사랑 같은 마음의 태도를 일러 영성이라 한다.
5) 유별나고 비범한 절정 경험을 영성이라 한다.[1]

1)의 용법에 대해 음악을 예로 들자면, 처음에 우선 악기와 친해지는 다분히 물질적이고 육체적인 수준이 먼저다. 그런 다음 악보와 기호를 익히고 이를 따르는 정신적 수준이 이어진다. 이게 능란해지면 나중엔 자신이 음악을 연주하는 게 아니라 음악이 나를 통해 흐른다고 하는 경지까지 오른다. 이렇게 자아가 수동적이 되는 모종의 자아초월성 단계를 영적이라고 한다는 것이다. 우리말에도 "신들린 경지"라는 비슷한 말이 있다.

2)는 신을 전체성으로 이해하는 방식과 비슷하다. 신을 거기there 있는 어느 대상을 가리키는 말처럼 쓰면서 존재한다, 존재하지 않는

---

1 켄 윌버/조옥경 역, 『통합심리학』(학지사, 2008), 181-188.

다고 말한다. 그러나 안셀무스가 하느님을 "그보다 더 위대한 것을 생각할 수 없는 존재"라 한 것처럼 더 이상을 생각할 수 없는 궁극, 더 큰 것을 생각할 수 없는 전체로서의 의미 역시 일상 언어 용법에 들어있다. 고든 카우프만은 '신'이란 서구 문화에서 지금껏 통용되어 온 개념으로서 '세계'란 말이 비슷하다고 말한다. 우리는 세계를 측량하거나 실험할 수 있는 하나의 대상으로 지시하지 않는다. 따라서 늘 모호한 채로 남는 말이지만 인간은 세계라는 개념 범주가 없이 경험에 질서와 통일성을 부여할 수 없다는 것이다.[2]

영성이 신의 성질, 즉 신성을 의미하는 말이기도 하다. 그러므로 위의 언어 용법처럼 영성을 전체성으로 이해하는 방식도 말이 된다. 이를 인간에게 적용해 한 개인의 총합을 의미한다 치자. 융 역시도 개성화individuation를 말하면서 더 나눌 수 없이 한 개인이 이룬 자기발달의 총합이라는 의미로 썼다. 그런데 개인의 총합과 전체성도 '세계'란 말과 마찬가지로 통으로 측량하거나 실험할 수 있는 대상으로 삼기는 곤란하다. 그래서 모호하다. 그럼에도 우리는 "그 사람 잘 통합된 인격integrated personality을 지녔다"는 식의 표현을 쓴다. 인격의 여러 측면이 고루 균형 있고 조화롭게 발달한 사람을 말한다. 우리말에서 "신통하다"는 주로 아랫사람에게 "기특하다, 대견하다"는 의미로 쓰이지만 비슷한 언어 용법으로 볼 수 있다.

3)은 무엇보다 그리스도교 영성신학에서 영성이 정화-조명-일치의 단계를 거치며 발달한다고 말하는 용법에서 그 예를 찾을 수 있다. 『의식의 변용』이라는 책은 주요 명상 전통에서 의식이 어떤

---

2 카우프만, 『신학 방법론』, 79.

단계를 밟으며 발달하는지 연구한 것이다. 방법뿐만 아니라 배경 문화, 언어가 무척 다른데도 무척 공통된 단계가 범문화적으로 등장함을 보여준다.3 이렇게 의식의 변용 단계와 발달을 영성의 발달로 말하는 방식이다.

4)는 가장 대중적인 언어 용법이라 할 수 있다. 누가 인생이나 타인에 대해 열린 태도를 취하고 사랑으로 배려하는 모습을 일러 곧잘 영적이라 하기 때문이다. 하지만 따지고 들면 의외로 정의하기 어려운 방식이기도 하다. 개방성이나 사랑도 도덕성 발달처럼 자기중심에서 우리중심, 만인 중심으로 나아가는 단계적 발달의 모습을 보이기 때문이다. 이 경우 어느 한순간의 모습과 태도로 보이던 것이 졸지에 3)과 다를 바 없는 의미가 된다. 이렇듯 영성에 관한 정의와 일상 언어 용법은 서로 뒤엉켜있다. 그러나 윌버가 정리한 다섯 가지 정의와 용법을 기억하고 임하는 것은 여전히 가치가 있다. 특정 정의를 우선시하더라도 다른 관점들과 상호관계, 상호의존 속에서 이해할 때 보다 명확하고 일관성 있게 영성이라는 말을 쓸 수 있기 때문이다.

5) 역시 대중적이고 가장 흔한 영성 이해이다. 유별나고 비범한 체험을 일러 영적 경험이라 하기 때문이다. 융이 어릴 때 바위에 앉아 사색을 하노라면 의식의 경계가 무너져 자신과 바위가 하나로 느끼곤 했다 한다. 프란치스코가 "가서 내 교회를 다시 세워다오" 하는 신의 음성을 듣는 것도 별난 체험이다. 바울로가 삼층천으로 이끌려

---

3 켄 윌버·잭 잉글러·다니엘 브라운/조효남·안희영 역, 『의식의 변용』(학지사, 2017)은 영성을 의식의 발달이라는 측면에서 고찰한 책이다.

올라갔으나 몸 안에 있었는지 몸 바깥으로 나간 건지 몰랐다는 체험도 비범하다. 이렇듯 예사롭지 않고 비범한 경험을 일러 영성의 경험이라 하는 방식이다.

정서는 사회개혁의 동력

아무튼 영성이란 말이 광범위하게 쓰이기 시작할 때 기본적으로 종교의 외적 측면보다는 내적 경험의 측면을 지칭하기 위한 용어였음을 기억해보자. 그렇게 보면 '개신교 영성'이란 표현이 좀 낯선 사람들에게도 과히 무리한 말은 아니게 된다. 특히나 개신교 예배를 보면 찬송이나 열렬한 기도를 통해 정서의 고양을 꾀하는 면이 보인다. 설교를 예배의 정점에 두는 것은 성서 중심, 말씀 중심의 개신교 영성에서 당연한 일이다. 하지만 이 정점을 향해 치닫는 과정은 정서를 북돋는 데 목표가 있다. 조나단 에드워즈는 정서와 신앙의 상관관계를 몹시 중요하게 여겼다.[4]

뇌과학에서 감정이나 기분은 뇌가 눈앞의 상황을 위협인지 보상인지 판단하고 평가하는 반응이다. 뇌의 가장 민감한 부위인 편도체는 기본적으로 위협 여부를 판단하려 든다. 특히 두려움과 공포를 관

---

4 미국 역사에서 가장 독창적인 개신교 신학자로 꼽히는 조나단 에드워즈는 정서가 참 신앙의 큰 부분이라는 신앙감정론을 펼친다. 그는 청교도이지만 개혁주의와 관련된 글을 많이 썼다. 그런데 그가 정서를 중시한 까닭은 결국 삶의 열매를 맺게 하는 데 있다. 조나단 에드워즈/서문강 역, 『신앙과 정서』 개정역판 (지평서원, 2009), 488 이하를 보라.

장하는 우측 편도체는 상황을 위협으로 보는 반응과 상관이 있다. 기쁨이나 감사, 무언가 정서적으로 보상받는 긍정적 경험은 편도체가 위협이 제로라고 판단한 후에야 가능하다. 이는 인류의 생존전략 때문에 갖게 된 뇌의 특성일 것이다. 긍정적인 정보보다는 부정적인 정보에 몇 배 유의해야만 살아남을 수 있었기 때문이다. 부정적인 단서를 무시했다가 그게 현실이 될 경우 결과는 치명적이다. 우리가 남을 쉽게 용서하지 못하는 것도 뇌가 그것을 위협으로 간주해서 절대 잊으면 안 된다고 자꾸 되새김질하게 만들기 때문이다.

명상의 호흡은 느리고 가늘다. 생존의 위협을 느끼면 호흡은 빠르고 거칠다. 뇌가 어떤 상황을 위협으로 간주해서 불안이나 공포반응을 불러일으키기 때문이다. 명상은 이 과정에 역으로 피드백을 주어 마음을 가라앉힌다. 즉 거칠고 빠른 호흡 대신 의도적으로 느리고 안정된 호흡을 함으로써 뇌의 흥분을 가라앉히는 것이다. 편도체의 과잉활성화를 안정시켜 이 상황이 위협이 아닌가보다 인식하게 되면 비로소 긍정 정서를 경험할 여건이 된다. 기쁨과 감사, 평화는 그때부터의 일이다.

이렇듯 감정이나 기분 같은 정서상태란 특정 상황에 대한 평가작용이다. 이 상황에 내게 좋다는 의미로 평가되면 긍정적인 기분이 나온다. 반대로 좋지 않다는 의미로 평가되면 기분이 나빠진다. 정서와 의미의 상관관계가 그러하다. 그러므로 찬송이나 박수, 유머로 긍정적인 정서를 불러일으키면 뇌는 지금 이 상황은 내게 긍정적인 의미가 있다고 인식하게 한다. 이럴 때 설교는 긍정적으로 수용되기 좋다. 뇌는 그 설교가 내게 의미가 있는 것이라고 인식하게 만든다.

그런데 개혁주의 영성을 들여다보면 개신교 영성이 정서 고양에만 목표를 둔다고 말하는 것은 옳지 않다. 앞에서 영성이란 말은 다의적으로 쓰이지만 기본적으로 내면의 의식경험을 가리킨다고 했다. 20세기 종교다원성을 의식하면서 등장하고 범용된 배경을 생각하면 분명히 그러하다. 영성을 말하는 것과 심리를 말하는 것이 종종 중첩되는 이유도 그 때문이다. 둘 다 인간내면의 주관적 의식경험을 다루기 때문이다. 앞으로 영성 연구는 기본적으로 의식 연구가 될 것이다. 그러나 현재로선 영성 연구를 심리학 연구로 환원할 수는 없다. 둘은 조망과 고도에서 차이가 난다. 한 예로 융은 인류의 집단무의식을 초월적인 것으로 말한다. 이 경우는 개인의 심리를 넘어선 집합적인 것이라는 의미로 초월적이라 한 것이다. 개체의식을 넘어선 횡적인 광역을 초월성으로 말한 셈이다. 하지만 의식의 너비만이 아니라 고도에서도 차이가 난다고 봐야 한다. 여하튼 여기서는 영성이란 말이 내면의 의식경험을 가리킨다는 점만 일단 짚고 넘어가자.

개신교 예배가 정서를 중시한다고 할 때 정서적 경험이란 내적 경험이다. 따라서 '개신교 영성'이란 다소 낯선 표현도 틀릴 게 없다. 하지만 정작 문제는 이것이다. 본디 개혁주의 영성에서 정서를 중시하는 이유는 그것이 사회개혁의 동력이 될 것으로 봤기 때문이다. 즉 어떤 가르침이 말로만 전달되는 것이 아니라 정서경험이 수반될 때 깊이 각인되고 마침내 개인의 인격과 행동에 진정한 변화가 일어난다고 보는 것이다. 그리고 그러한 변화라야 사회에서 빛과 소금의 역할을 할 수 있고 마침내 사회도 달라진다고 본 것이다. 칼뱅은 제네바시 전체를 상대로 그러한 개혁의 실험을 감행했던 것이다.

그러므로 오늘날 한국 개신교 영성이 정서 고양을 의도하는 것 자체가 문제가 아니라 그 목표점이 변질된 것을 비판해야 한다. 인간을 깊숙이 변화시켜 사회개혁의 동력이 되게 하려던 목표가 그저 기복신앙을 맹목적으로 수용케 하고, 헌금이나 많이 내게 하는 장치로 변질된 것이 문제인 것이다. 결국 종교도 교육과 마찬가지로 인간을 긍정적으로 변화시키는 문제에 관여한다. 개신교의 뿌리를 개혁주의에서 본다면 개혁주의는 인간을 윤리적 행동을 통해 사회를 새롭게 하는 존재로 변화시키는 데 관심한다. 이 사회개혁의 동력이 될 인간을 오늘날 개신교는 산출하고 있는지 물어야 하는 것이다.

사실 개신교는 영성보다 '경건'이란 말을 더 선호했다. 역사적으로 보자면 '개혁주의 경건'이란 표현이 '개신교 영성'이란 말보다 훨씬 자연스럽다. 그래서 '경건의 모양과 열매'를 따지는 일이 더 어울린다. 그런데 경건이라고 하면 개인의 주관적인 의식상태를 떠올린다. '경건한 마음으로…' 하는 표현처럼 내면의 정서상태를 이르는 말로 생각한다. 그러나 개혁주의가 말하는 경건은 강조점이 다른 데 있다. 하느님을 향한 경건이라고 하면 그야말로 두 손 모은 경건한 모습이 떠오른다. 하지만 그것은 경건의 모양일 뿐이다. 사회에서 하느님의 뜻을 따라 의무와 책임을 다하며, 실천하는 삶이 개혁주의의 경건이다. 나무는 열매로 안다. 내면의 경건은 객관적 삶으로 드러나는 경건의 열매로 판별해야 한다. 양심적 삶으로 표출되지 않는 경건은 개혁주의의 경건이 아니다.[5]

---

5 T. Hartley Hall IV, "The Shape of Reformed Piety," in *Spiritual Traditions for the Contemporary Church*, 202.

유교의 인의예지와 개혁주의 경건

개혁주의 경건의 강조점을 유교의 인의예지와 비교해보면 흥미롭다. 유교에는 '사단四端'이란 말이 있다. 네 가지 단서라는 말인데 인의예지仁義禮智를 가리키는 말이다. 즉 어느 사람 안에 인간의 참다운 본성이 내재해 있는지 알아보는 단서가 인의예지라는 말이다. 그리스도교식으로 말한다면 "어떤 사람이 성령을 따르는 삶을 사는지 알아보려면 성령의 아홉 가지 열매가 나오는지를 보아 안다"는 말에 해당된다. 인의예지에서 인仁이란 남을 불쌍히 여기는 측은지심惻隱之心을 말하고, 의義란 옳지 못함을 수치스럽게 느끼는 수오지심羞惡之心을 말하며, 예禮란 겸손히 남을 배려하는 사양지심辭讓之心을 말하고, 지智란 옳고 그름을 잘 가릴 줄 아는 시비지심是非之心을 말한다.

인의예지 여부를 살펴 그 사람 안에 보이진 않지만 인간다운 본성이 살아있는지 헤아릴 수 있다는 유교의 인간관은 개혁주의 경건 이해와도 잘 부합된다. 왜냐하면 개혁주의는 경건의 모양은 있어도 열매가 없으면 쳐주지 않기 때문이다. 사회에서 양심적인 삶을 실천하지 않는 사람 안에 하느님을 향한 진짜 경건이 있을 리 없다고 보는 것이다. 역으로 말하면 그가 정말 구원받은 사람인지, 성령을 따라 사는 사람인지는 윤리적으로 자신의 의무와 책임을 다하는 모습에서만 확인될 수 있다. 내면에서 제아무리 한 신비체험을 했다 해도, 신앙의 열심과 열광적인 정서상태를 표현한다 해도 사회적 행동의 열매가 보이지 않는 영성은 쳐주지 않는 것이다.

결국 유교의 인의예지는 유교의 황금률이라 할 "자신도 원치 않을 일을 남에게 하지 말라"(기소불욕己所不欲 물시어인勿施於人)로 수렴

된다. 성령의 아홉 열매는 그리스도교의 황금률인 "남이 네게 해주었으면 하는 그 일을 너도 남에게 해주어라"로 수렴되듯이 말이다. 우리는 TV로 정치토론을 보거나 보도되는 사회현상을 접할 때도 은연중에 이런 황금률을 적용한다. 누가 남을 공격할 때 쓰는 논리를 자신에게는 적용하지 않는 모습을 보면 기본적으로 "저건 옳지 않아" 하는 직관이 작동한다. 그런 의미에서 양심은 마음 판에 새겨진 하느님의 율법이라 할 수 있다. 양심은 나와 남을 공평하게 다루는 것이다. 양심을 역사적 상대성에 조건 지워진 기성세대의 표준을 후천적으로 각인하는 것이라는 식의 시각도 있지만 본래 양심이란 초월적이다.6

만약 개혁주의 영성에서 눈에 보이는 인간의 실천에서 눈에 보이지 않는 성령의 작용을 가늠할 수 있다는 원리를 본다면 우리는 신에 대해서도 달리 생각해야 한다. 개신교 교회에서 흔히 듣는 말 중에 이런 게 있다. "교회는 하느님 보러 나가지 사람 보러 가는 게 아니다"라는 말이다. 흔히 이 말은 성직자나 신자, 교회가 뭔가 실망스러운 모습을 보일 때 자위하거나 방어하는 말로 쓰인다. 이치에 닿지 않는 말이다. 개신교 영성의 뿌리라 할 개혁주의 경건을 생각하면 더욱 그러하다. 사람을 우회해서 신을 보려할 것 같으면 굳이 교회 다닐 필요 없다. 예수 그리스도는 "나를 보았으면 아버지를 본 것"(요한

---

6 프로이트는 양심에 해당하는 초자아를 사회규범을 내면화한 것으로 보았다. 즉 부모나 교사, 중요한 인물들의 규범을 후천적으로 내면화한 것이다. 반면 C. S. 루이스는 양심을 자연법, 즉 따로 배우지 않아도 인간이라면 기본적으로 아는 걸로 봤다. C. S. 루이스/장경철·이종태 역, 『순전한 기독교』 (홍성사, 2001), 25-33.

14:9)이라 하셨다. 개혁주의는 정확히 이 원리를 따른다. 눈에 보이는 교회와 신자를 그리스도의 몸이라 한다. 교회와 신자를 보았으면 그들이 어떤 신을 믿고 있는지 알 수 있다.

개혁주의는 눈에 보이는 사람의 실천을 떠나서 눈에 보이지 않는 하느님의 작용을 말할 수 없다는 원리를 말한다. 우리는 늘 신을 간접적으로, 지나간 바람의 자취처럼 뒷모습만 본다. 이러한 개혁주의의 태도에는 르네상스 인문주의의 영향이 크다. 르네상스 인문주의란 일종의 교육 개혁운동이다. 중세를 지배한 스콜라주의는 성서와 이성이 통한다고 생각해서 이성적인 논증에 주력했다. 하지만 인문주의는 초점을 고대 그리스의 수사학으로 옮겼다. 근대가 이성의 보편성을 강조하던 데서 포스트모던의 시대는 개별성을 강조하는 쪽으로 초점 이동을 한 것과 비슷하다. 그러한 초점이동의 밑바닥에는 인간과 세계, 지식에 대해 전과는 아주 판이한 이해방식이 깃들어 있었다.

쿠자, 보카치오, 에라스무스 같은 초창기 인문주의자들은 초월적 신을 인정했다. 그런데 인간은 그 초월자를 직접 알거나 경험할 수는 없다고 생각했다. 이들은 황홀경이니 초월적 체험이니 하는 걸 인정하지 않았다. 본인들이 그런 경험을 한 적이 없어서였을 것이다. 어쨌든 신을 인정하지만 직접경험이 불가능하다면 논리적으로 남은 선택은 하나다. 간접적으로 알고 간접적으로 경험하는 것이다. 이 세상에서, 또 사람들에게서 신의 작용이라 여겨지는 일들을 통해 간접 확인은 가능해지는 것이다.[7]

---

7 Hall, "The Shape of Reformed Piety," 203-205.

개혁주의는 신에 대한 인문주의의 간접성은 받아들이면서 신비주의의 직접성은 거부한 셈이다. 종교개혁자들은 14세기부터 유행했던 신비주의 대중 신심들을 별로 좋아하지 않았다. 너무 개인의 내면에 몰두하고 사회적 차원이 결여되어 있다고 느낀 것이다. 하느님의 은총에 기대기보다는 인간이 자기 노력으로 내면을 탐색해서 뭘 어쩐다는 접근방식도 탐탁찮았다. 무엇보다 교회와 사회의 타락을 염려하던 개혁가들의 입장에서는 거기서 사회개혁의 동력을 발견하기 어려웠다. 성서와 무관한, 출처를 알 수 없는 수상쩍음에다 더해 세상을 윤리적으로 보다 낫게 진전시키지도 않음도 보았다. 실천지향적인 종교개혁자들은 그런 영성에 기대를 걸지 않았다.

개혁주의는 인간을 다분히 성악설의 관점에서 본다. 인간은 어쩌다 죄를 짓는 존재가 아니다. 가만 내버려두면 늘 죄를 짓고 타락한다. 은총과 성령으로 말려주어야 간신히 인두겁 쓴 구실을 할 수 있다. 성령을 통한 은총이란 인간의 자아에 타자적이다. 자아 이질적이고 타자적인 힘과 지혜가 작동하지 않으면 인간은 도무지 선을 행할 수 없는 존재다. 이렇듯 다소 지나치리만치 어두운 인간 이해의 배경에는 너무나 어둡고 타락한 당대의 현실에 종교개혁자들의 시야가 포획된 탓이다. 그리스도교 신학의 인간 이해에도 여러 강조점이 있다. 개혁주의는 가장 어두운 면에 방점을 찍는다. 인간은 전적으로 타락한 존재라는 데 말이다.

인간은 지식, 경험, 논증 그 어떤 것을 갖고도 신이라는 절대 초월성에 이를 수 없다. 개혁주의는 초월자를 직접 알 수 없다는 인문주의자들의 관점과 인간은 전적으로 타락한 존재라는 비관적 인간론에 기대어 그런 입장을 가졌다. 그러니 신에 관해 무언가 말하려면 계시에 의존할 수밖에 없다. 신이 스스로를 알리신 자기계시 말고 신지식은 불가능하다. 그런데 신의 계시는 성서 안에 들어있다. 종교개혁자들은 하나같이 성서를 강조하고 성서 중심의 신앙을 확립하고자 한 까닭이 거기 있다. 그들은 성서의 객관성을 신비주의의 주관성보다 중요하게 생각했다.

이러한 개혁주의의 강조점을 염두에 두고 오늘날 신학교육을 바라보면 많이 이상할 것이다. 성서를 별로 읽지 않으면서도 신학을 하는 풍토가 만연해 있기 때문이다. 성서와 이성의 조화를 꾀하다가 나중엔 이성으로만 신학을 하던 스콜라주의로 복귀한 것 같다. 성서와 타학문의 조화를 기하는 정도를 넘어 타학문에 기대어만 신학이 존립할 수 있다는 식이다. 신학이나 성서는 한갓 수사학적 장치로 전락한다. 그 치장마저 벗겨내면 그 연구가 어떤 의미에서 신학의 성찰인지 고개가 갸우뚱하다. 마치 신학이 따로 존립해야 할 타당성이 결여된 것 같다. 앞에서 말했지만 마커스 보그는 성서가 그리스도인의 정체성 문헌이라 한 뜻은 성서를 통해 정체성과 사유를 형성하는 것이 그리스도인이라는 뜻이다. 그리스도교 신학의 상상력은 성서에서 물을 길어 올리는 것이 마땅하다.

물론 근대에 들어서면서 다원화된 사회는 중세처럼 신이나 성서의 권위에 호소하는 것만으로 문제해결이 쉽지 않았다. 그래서 보편적이라 여겨지는 이성에 호소하는 방식을 취했다. 덕분에 많은 학문과 가치 분야들이 교회의 속박에서 벗어나 독자적인 길로 갈 수 있었다. 덩달아 중세의 보편학으로 모든 것을 아래에 거느리던 신학도 많은 학문 분야 중 하나로 강등되었다. 이제 신학은 자신의 정체성과 정당성을 옹호해야만 하는 학문이 되었다. 거기까지는 또 그렇다 치

더라도 이제는 타학문에 기대어서만 겨우 설 수 있는 절름발이처럼
된 것은 아닌지 생각해 볼 문제다.

영성의 객관적 차원

아무튼 개혁주의 경건은 영성의 역사에서 매우 중요한 척도를 제
시한다. 앞에서 영성이란 용어는 혼란스러우리만치 다의적으로 사
용되는 경향이 있지만 기본적으로 내적 경험을 의미한다고 했다. 그
런데 주관내면의 내적 경험이란 이현령비현령耳懸鈴鼻懸鈴 같다. 그 언
설이 객관성을 결여하기 십상인 것이다. 종교의 역사에서 경전이 중
요한 이유도 그 때문이다. 경전의 지식이 수행의 경험으로 확실해지
기도 하지만 수행의 주관적 경험에 객관성을 부여하는 것도 경전이
다. 적어도 경전의 기록을 통해서 같은 경험을 한 사람들끼리 비교
대조함이 가능하다. 이 비교 대조가 인간 지식의 타당성을 가늠하는
검증 반증의 기능을 한다. 그런 의미에서 개혁주의가 성서의 객관성
을 강조하는 것은 주관적 경험을 강조하는 경향이 짙은 영성 논의에
잊지 말아야 할 보완점이다.

또한 보이지 않는 은총과 성령의 작용은 보이는 삶과 실천을 통
해 확인한다는 원리 역시 영성 담론에서 잊지 말아야 할 척도다. 내
가 보기에 영성 논의는 잘못된 양극 설정으로 해서 부질없는 논란에
휘말린다. 개인 내면의 영성을 사회적 실천과 반대편에 두고 서로 척
을 지는 양극인 것처럼 보는 방식이다. 오히려 동일한 것의 두 측면,
손바닥의 앞뒤처럼 보는 것이 맞다. 하나가 없으면 다른 하나도 없는

것이다. 물론 왜곡될 가능성은 있다. 뉴에이지운동처럼 자기도취에 빠지는 영성이 나타날 수도 있고 행동주의, 율법주의처럼 겉과 속이 다른 양두구육羊頭狗肉의 형태가 나타날 수 있다.

개혁주의가 사회적 실천을 강조한다고 해서 그 면만 보는 건 잘 못이다. 나무는 열매로 안다는 것이지 열매가 나무 전체라고 하는 것은 아니다. 오히려 개혁주의 경건이 환기시키는 것은 그것들이 통으로 하나라는 것이다. 비록 하나가 앞에 있고 다른 하나는 뒤에 있어도 입체적으로 파악해야 한다. 전면에 강조하는 것만이 전부라고 하면 안 된다. 앞에서 윌버의 영성 정의 다섯 가지를 요약하면서 그것들이 구별은 가능하지만 서로 의존하는 상호관계가 있다고 했다. 개신교가 정서를 고양하려드는 것도 사회적 실천의 열매가 달라지게 하려는 것이 원래 조망이었다. 그렇게 삶으로 이어지지 않는 감정 고양은 중독이나 다를 바가 없다. 뽕을 맞는다는 속된 표현처럼 말이다.

전임 캔터베리대주교 로완 윌리엄스는 성공회 영성의 특징을 인간 경험의 전체성을 존중하려는 것이라 했다. 이 말은 여러 면에서 음미해 볼 만하다. 사람들은 영성 그러면 뭔가 밝고 긍정적이고 거룩한 경험만을 떠올린다. 그러나 인간의 삶은 고통과 어둠, 고뇌로 얼룩진다. 전체성을 존중하는 영성이란 하늘만이 아니라 땅도, 빛만이 아니라 어둠도, 승리만이 아니라 패배도 끌어안는 것이다. 또 낯설고 이질적인 것을 만나도 얼른 배제하지 않는다. 그 또한 인간 경험의 일부라면 무언가 존중할 만한 것이 거기 있으리라 여겨 경청한다. 영성을 전체성의 통합을 이루는 일로 보는 시선은 영성 담론에서 기억할 만한 지혜다. 인간이 하느님의 숨과 땅의 진흙을 비벼 만들었다는 성서의 시선에도 부합한다. 인간의 내면이란 수많은 사람이 오가는 교차로 같다. 현자, 성인, 철학자도 지나가고 잡놈, 거짓말쟁이, 연쇄살인범도 지나간다. 욕망에 혈떡이는 짐승도 미친 광인도 등장한다. 여러 개 회오리바람이 제각기 들이쳐도 한 인격으로 통합성을 유지하고 산산조각나지 않게 하는 힘이 영성이다.[8]

근대 이후 종교를 상실한 현대인이 종교에 기대지 않고 의미의 복원을 꾀한 영역이 사회학이라고 한다. 그런데 사회학은 세상의 객관적 시스템, 상호객관성 구조에 관한 학문이다. 객관적으로 관찰하고 기술할 수 있는 행동과 제도, 상호작용에 관한 연구를 진행한다. 그리스도교 영성 전통에서 이 차원을 중시한 갈래가 개혁주의 경건 혹은 영성이다. 이 영성은 사회적 행동과 개혁의 차원에서 확인될 만한 열매를 내지 않는 영성은 가짜라고 고발한다. 힐링과 위안만을 염두에 두는 듯하는 현대의 영성 조류는 개혁주의의 시선 앞에 함량미달이다. 하지만 정서를 통한 변화를 말하는 개혁주의는 인간이 외적인 규범만으로 변하는 존재가 아님을 안다. 이데올로기와 소극적 관용, 공적 예의만으로 달라지는 게 아님 또한 말해준다. 결국 인간됨의 전체성을 고려하라는 지혜를 개혁주의 영성은 들려주는 것이다.

---

8 나는 이 통합의 힘을 발휘하는 내면의 영을 모든 것을 알고 바라보는 '주시자의식'으로 생각한다. 심리학에서 정신병리의 정도를 판단할 때 자신을 객관화하여 관찰할 수 있는 '관찰자기'의 현현 정도로 파악한다. 나는 병리의 수준과 상관없이 통합과 치유의 힘을 발휘케 하는 이 의식을 영이라 부른다. 켄 윌버는 우리 안의 영원한 주시자를 근원적 참나로 말한다. 켄 윌버/김명권·민회준 역, 『켄 윌버의 일기』 (학지사, 2010), 580.

11장

가르멜 수도원의 영성
: 바쁜 일상생활 속 은둔

앞장에서 영성을 전체성 통합의 힘이라 말했다. 앞으로 영성의 전개 방향도 그렇게 짐작할 수 있을 것이다. 더 민감하게 분화시키면서도 더 큰 통합을 이루어내는 방향으로 전개되리라고 말이다. 이는 곧 의식이 보다 깊고 넓게 확장되어가는 방향이라고도 할 수 있다. 영성은 문자 그대로 영의 성질을 말한다. 성서의 관점을 따르면 이는 곧 신의 성질이자 사랑과 호환이 가능한 말이다. 성서가 신을 정의하는 방식은 아주 간단하다. 신은 영이자 사랑이라는 것이다. 그런데 사랑은 품고 배려하는 것이다. 그러므로 영성이 발달한다는 것은 사랑이 크고 깊어진다는 것이다. 이는 곧 의식의 확장이다. 나는 영성을 의식으로 생각하길 좋아한다. 앞으로 영성 연구는 의식 연구가 될 것이다.

앞장에서 개혁주의가 강조하는 객관성과 사회적 실천도 그 자체로 고립시켜 이해하지 말자는 제안도 했다. 지나친 주관성과 개인 내면의 몰두를 균형 잡고 교정하는 것으로 보자는 말이다. 더 큰 전체성으로 나아가게끔 기여하는 것으로 읽을 수 있다. 이렇게 의식의 전체성을 고려하지 않으면 그리스도교 영성의 역사에 등장하는 제각기의 관점과 강조점은 이거냐 저거냐의 문제가 된다. 어느 쪽을 편들든 부분을 전체로 만들게 된다. 나는 이것도저것도의 입장을 취한다. 통합해서 볼 수 있다는 입장인 것이다.

이 장은 기존의 가르멜 수도회를 개혁해서 보다 엄격한 맨발의 가르멜수도회를 창시한 아빌라의 데레사(1515~1582)와 십자가의 요한(1542~1591)을 살펴보려고 한다. 이들은 오늘날 영성 유행의 시대를 맞이해서 대단한 인기를 누리고 있다. 가톨릭교회가 기리는 성인들이지만 개신교에서조차 인기가 높다. 그래서 오늘날 그리스도교 영성은 16세기 스페인 사람들이 독재하고 있다고 말할 지경이다. 특히 아빌라의 데레사는 가톨릭에서 '교회박사doctores ecclesiae'라는 호칭을 수여받은 최초의 여성이다. 이 호칭은 교회 전체를 향해 신학의 안내자가 될 권위가 있음을 공적으로 인정하는 것이다.[1] 아닌 게 아니라 가톨릭 영성신학 책을 보면 데레사의 가르침이 자주 등장한다.

데레사가 맨발의 가르멜회를 설립하는 데 함께 일한 십자가의 요한은 스페인 황금기 문학에 기여한 시인이기도 하다. 스페인 황금기

---

[1] 테레사 포르카데스 이 빌라/김항섭 역, 『여성주의 신학의 선구자들』(분도출판사, 2018), 80-81.

란 15~17세기 스페인의 미술, 음악, 문학이 융성했던 시기를 말한다. 이 중 17세기의 백 년은 유럽의 강국 스페인이 정치 경제적으로 몰락하는 시기다. 벨라스케스나 세르반테스는 이 시기에 등장한다. 시대가 어둡고 음울할 때 역설적이게도 빛나는 문학의 상상력을 발휘한 셈이다. 좌절과 상실, 비관이 가득한 시대에 빛나는 것이 나오기도 한다. 이는 개인의 생애에서도 마찬가지여서 데레사나 요한도 역경으로 가득한 삶에서 빛나는 영성을 출현시켰다.

초기 가르멜 수도자들이 품은 은둔의 이상

가르멜수도회가 왜 가르멜이란 명칭을 달고 있는지 잠깐 살펴보자. 역사학자들은 가르멜회의 기원이 13세기 초 가르멜 산골짜기에 모여 은둔 수도 생활을 한 한줌의 무리인 것으로 본다. 이들은 전직 십자군이었거나 순례자로 그곳에 왔다가 정착한 라틴계 사람들이었다. 흥미로운 사실은 이들이 수도 생활을 시작하면서 기존의 아우구스티누스나 베네딕토의 규칙을 따르지 않고 나름의 규칙을 만든 점이다. 이 규칙은 당시 예루살렘의 라틴계 총대주교 알베르토의 승인을 받은 탓에 알베르토 규칙서로 알려진다. 기존의 수도원 규칙보다 훨씬 소박하고 단순한 생활을 하기 위한 규칙이었다.[2]

십자군전쟁의 참상을 경험하거나 목도했을 이들은 삶에 지친 이

---

2 Steven Payne, O.C.D., "The Tradition of Prayer in Teresa and John of the Cross," in *Spiritual Traditions for the Contemporary Church*, 236-238

들이었다. 마치 엘리야가 깊이 낙담해서 가르멜 산골짜기 동굴에 기어들었듯 잔혹한 세상에 낙담하여 은둔을 선택했을 사람들이다. 보통 이런 시기에는 유보다는 무를 추구한다. 그리스도교 영성사에서 유명한 『무지의 구름』은 페스트가 돌았던 14세기의 산물이다. 모든 것을 망각의 구름에 던지고 아무것도 모르는 무지의 구름에 들어가 신과 합일하라는 이 걸출한 신비주의 작품의 작가는 이름이 알려지지 않았다. 이 무명의 작가는 자기 이름조차 남길 것이 없다고 여긴 모양이다. 그는 자신의 이름과 삶마저도 가르침처럼 망각과 무지의 구름에 던져버렸다.3

마찬가지로 이 가르멜산의 은자들도 무에 가까운 생활을 원했다. 그래서 기존의 번다한 수도 규칙보다 훨씬 단순한 규칙을 원했던 것이다. 이들이 원한 핵심 규율은 독방에 들어앉아 밤낮으로 성서를 묵상하고 기도하는 것이다. 불교로 말하면 오로지 참선수행 하나로 모든 게 모아지는 선불교 같은 것이 되려고 한 것이다. 흔히 대승불교의 이상적 인간상이라 할 보살을 상구보리上求菩提 하화중생下化衆生으로 요약한다. 위로는 깨달음을 구하고 아래로는 남을 위한 삶을 산다는 말이다. 앞장에서 다룬 개혁주의가 다분히 하화중생과 같은 강조점을 드러낸다면 가르멜 초기 수도자들은 세상과 연을 끊고 상구보리에 몰두하려는 중심을 드러낸다. 나중에 다시 말하겠지만 아빌라의 데레사나 십자가의 요한에 이르면 이 상이한 두 방향의 화살표는

---

3 성공회 신학자 어반 홈즈는 사회제도 몰락의 시대에 무념적apophatic 기도가 강조된다고 말한다. 14세기 익명의 저자가 쓴 『무지의 구름』은 무념적 기도를 강조하는데 이때는 봉건체제가 흔들리고 역병이 돌았던 시대였다. 어반 홈즈, 『그리스도교 영성의 역사』, 20-21.

하나로 종합된다.

　희한하게도 인간의 종교성은 이 세상에 거리를 두고 독거하는 생활의 형태를 매우 보편적으로 표현하는 경향이 있다. 수도 생활과 같은 것이 없는 종교는 없다. 비단 종교의 테두리를 벗어나서도 세상사에 거리를 둔 독거는 의외로 흔하다. 앞에서도 언급한 작가들도 자발적인 은둔을 매일 부분적으로라도 실천하는 셈이다. 일상을 수도승처럼 산다고나 할까. 그리고 가르멜의 수도자들이 그 은둔의 시간을 성서읽기와 기도로 채우듯 종교인 아닌 이들도 독서와 명상이라는 요소로 그 혼자만의 시간을 채우고 있는 것이다.

　물론 세상의 독거는 빛과 어둠처럼 편차가 심하다. 독거의 형태는 비슷해보여도 어떤 사람은 행복하다고 하고 어떤 사람은 극도로 불행하다고 말한다. 세상을 향한 증오심으로 남 아니면 자신을 죽이고 싶다고 말하는 사람도 있다. 지나가는 행인을 무차별 공격하는 것과 같은 사건의 범인들 중엔 은둔형 외톨이들이 있다. 반면 어떤 동굴수행자는 무척 행복하다고 말한다. 세상을 등지고 은둔하는 건 같아도 마음의 결과물은 그토록 다르다. 같은 물을 마시되 뱀은 독을 내고 소는 우유를 낸다는 말과도 같다. 그 차이는 무엇일까?

　내가 보기에 그 차이는 수행의 유무에서 나온다. 거기서 자아매몰과 자아초월이 갈라진다. 자아매몰이란 자아가 변하지 않은 채 다람쥐 쳇바퀴 돌 듯하는 것을 말한다. 과거의 상처와 기억을 부단히 재생하면서 부정적 감정의 중독 상태에서 헤어 나오지 못하는 것이다. 반면 독서와 명상, 기도 같은 요소가 결합된 독거는 모종의 자아초월성을 마련한다. 심불반조心不返照 간경무익看經無益이라는 말이 있다. 경전을 읽어도 거기 제 마음을 비추어보는 일이 없으면 읽어봤자

헛일이라는 뜻이다. 가르멜 초기 수도자들은 성서 묵상과 기도에 전념하는 생활을 원했다. 그들은 성서 경전 읽기를 통해 자신을 반조하면서 세상의 상처와 회한을 삭여냈을 것이다.

비단 가르멜 수도자들의 성서나 종교의 경전들만 자기초월성의 여지를 주는 건 아니다. 내가 아는 어느 학생은 철학 지식이 무척 해박했다. 젊은 나이에 어찌 그런 지식을 갖췄을까, 그의 삶은 어떤 것이었을까 궁금했다. 그는 무척 고통스런 성장 과정을 겪었다. 노는 것 좋아하고 친구들과 어울리기 바쁠 나이임에도 그 친구는 철학 읽기에 매달렸다. 『철학의 위안』이라는 보에티우스 책 제목처럼 그는 거기서 자기 상처를 어루만지는 위안을 발견했던 모양이다. 철학뿐만 아니라 문학에서도 우리는 그런 힘을 발견한다. 고전의 힘이란 그토록 오랜 세월 수많은 사람들이 거기서 자기 얼굴을 비추어보는 경험을 할 수 있다는 데 있다. 시카고대학은 학생들에게 고전 읽기를 시키자 노벨상 수상자를 프랑스 국가 전체보다 더 많이 배출하는 명문대학이 되었다는 사례도 있다. 그런 걸 보면 좋은 독서란 현재의 자신을 있는 그대로 비추어주는 책을 읽는 것이다. '아, 내가 이렇구나!' 자각만 해도 이미 의식은 자신의 키보다 크다.

다시 가르멜 초기 수도자들에게 돌아가 보자. 이들은 나름의 수도 생활을 시작하면서 자신들의 시조가 예언자 엘리야라고 했다. 물론 역사적 근거는 없다. 다만 엘리야의 정신을 계승한다고 하는 다분히 상징적인 선택일 뿐이다. 어쨌든 엘리야를 내세움으로써 다른 수도회처럼 베네딕토나 아우구스티누스, 프란치스코 같은 거장을 원조로 삼지 못하는 약점을 메울 수는 있었다. 무엇보다 이를 통해 자신들이 이상으로 삼는 바를 역사 내내 남들과 자신들을 향해서 환기

할 수 있었다. 물론 이들이 이상으로 삼은 것은 엘리야의 외적 활동보다는 가르멜산 동굴의 은둔생활이었지만 말이다.

은둔의 차단막으로 듣는 내면의 음성

그런데 이들이 엘리야의 동굴 은둔생활을 이상으로 삼을 때 좀 더 구체적으로 어떤 경험을 원했던 걸까? 엘리야는 현실 돌아가는 것에 깊이 실망하고 낙담하여 가르멜산으로 간다. 거기서 하느님을 만나는 경험을 한다. 이때 하느님은 강풍, 지진, 불길에도 계시지 않고 "조용하고 여린 소리"로 다가오신다(1열왕 19:12). 개역성경에는 "세미한 음성"으로 나온다. 심리학적으로 해석한다면 엘리야는 현실의 무의미를 느끼면서 가슴에 품은 모든 것이 날아가 버리는 경험, 지진처럼 요동치는 격정, 불같은 분노를 경험한 것으로 볼 수 있다. 은둔 외톨이들도 이 비슷한 경험을 공유할 것이다. 거기에서 멈추고 무한 반복된다는 게 문제이긴 하지만 말이다.

엘리야가 들은 조용하고 여린 음성이 무엇이든 이후 그는 낙담에서 벗어나 현실의 의미를 되찾는다. 처음에 그는 더 살아야 할 이유가 없다고 느껴 죽게 해달라고 간청했다. 그러나 아직도 할 일이 남아 있고 역사는 계속된다. 엘리야가 세미한 음성에서 발견하는 의미는 전에 예기치 못한 것이다. 애초에 그가 기대했던 것들이 아니었고, 생각하지 못했던 것들이다. 융은 자신의 계획과 청사진을 거칠게 틀어버리는 모든 것을 신이라 부른다고 했다. 이 틀어짐 속에 새롭게 발견하고 수용해야 하는 의미의 문제를 인간은 모두 겪는다. 그런 의미에서 엘리야는 가르멜 초기수도자들뿐만 아니라 모든 인간에게 의미를 갖는 전형성典型性이다. 이렇게 성서의 인물과 사건을 인간에 공통된 경험과 의미의 전형으로 읽는 것은 신학에서 낯선 일이 아니다.

가르멜의 수도자들이 듣고자 했던 신의 여린 음성은 그리스도인들만 듣는 게 아니다. 델포이 신전에 새겨진 유명한 "너 자신을 알라"는 말은 실은 "네 안의 다이몬을 알라"는 말이라고 한다. 다이몬을 뭐라 이해하든 내면에서 들려오는 신탁의 경험을 말하는 것이다. 신탁이란 인간의 물음에 신이 답한다는 의미다. 무언가 인간은 내면에서 신적인 음성을 경험하는 존재들이다. 정여울 작가는 『헤세로 가는 길』에서 다음과 같은 말을 한다.

> 헤세는 자기 안에 있는 새에 대해 말했습니다. 저는 그게 '내면의 음성'이라 생각합니다. 그런 음성을 들어본 적이 없으시다고요? 그럴 수도 있겠네요. 우리는 그 새를 잊은 채, 허덕대며 살아가기 일쑤니까요. 역사 속의 현자들은 말합니다. 내면의 새 소리, 그걸 들으려면 자신이 먼저 공해지라고 말입니다. 일상의 명상도, 종교의 기도도 실은 이 '음성'을 듣기 위함입니다. 그런데 참 묘합니다. '나의 고집, 나의 목소리'가 강할 때는 이 새 소리가 들리지 않거든. 새 소리는 늘 '나의 목소리'가 꺾이고 스러질 때, 비로소 들려옵니다. 그러니 가슴에 귀를 기울인다는 건, 나의 소리를 무너뜨리는 일이기도 하네요. 그래야 삐릭, 삐리릭~, 새 소리가 들릴테니 말입니다.[4]

---

4 정여울, 『헤세로 가는 길』 (아르테, 2015), 328.

이 자아초월성의 음성은 조용히 귀를 기울여야만 들린다. 신은 고함치지 않는다는 말이 있다. 내면의 신성한 음성은 마음이 시끄럽지 않아야 들린다. 성서에도 마음을 고요히 해서 신을 알라는 말씀이 있다(시 46:10). 자신을 비추어보는 독서와 내면의 음성을 듣는 일, 이 두 가지가 있음으로 해서 세상에 거리를 둔 독거가 불행해지지 않는다. 종교를 정의하는 여러 가지 방법이 있지만 그중 하나가 '지혜 전통'이라는 설명이다. 인간의 삶과 세상, 우주가 돌아가는 이치에 대한 지혜를 전하는 전통이 종교라는 말이다. 가르멜의 초기 수도자들이 잔혹한 세상에 지쳐 은둔할 때 그들은 두 가지를 챙겼다. 그리고 우리더러도 그 두 가지가 있는 은둔을 하라고 지혜를 들려준다. 비록 바쁘고 가속되는 현대 사회에서 우리가 취할 수 있는 은둔이 한두 시간에 불과하더라도 말이다.

너무나 바쁘게 산 데레사와 요한

아빌라의 데레사와 십자가의 요한이 오늘 우리에게 들려주는 지혜야말로 현대적이다. 사실 데레사가 맨발의 가르멜수도회를 설립한 것은 초기 수도자들의 비전으로 돌아가고자 함이었다. 선승이 선수행에 몰두하듯 주변적인 것은 죄다 걷어치우고 오로지 기도와 성서에 몰두하길 원했다. 타고난 기질이 명랑하고 수다 떨길 좋아했던 데레사와는 달리 요한은 내성적이고 좀 우울한 시인의 기질을 타고났다. 그래서 그는 카르투지오수도원에 들어가고 싶어 했다(영화 "위대한 침묵"에서 내내 묵언하며 지내는 수도자들이 바로 이 카르투지오수도회 소속이다). 데레사는 개혁운동을 통해서 가르멜회에서도 그렇게 생활할 수 있다고 요한을 설득했다. 하지만 십자가의 요한이 평생 원했던 침묵과 고독의 생활은 그가 정적들에게 붙잡혀 톨레도수도원 감옥에서 지낸 9개월이 전부였다.

현대 사회는 모든 게 가속화되고 있다. 그런데 그 속에서 의미 있게 살기는 더욱 어려워졌다. 한병철은 현대인의 삶은 결코 안식과 완결에 이르지 못한다고 말한다.[5] 끝없이 분주하지만 결코 쉬지 못한다. 신은 창조를 완결하고 안식에 들어갔다. 그러나 우리는 활동과 잉이라 완결이 없고 따라서 쉼표도 없다. 한국의 직장인들은 번아웃증후군에 시달린다고 한다. 심신이 지쳐 매사 의욕도 없고 쉬어도 쉬는 것 같지가 않은 증세를 말한다. 이럴 때 우리는 세상을 등지는 탈출을 꿈꾼다. 산으로 들어가 혼자 조용히 살고 싶다는 식으로 말하기도 한다. 종교인이 아니더라도 은둔과 침묵을 꿈꾸는 셈이다. 아빌라의 데레사와 십자가의 요한은 가톨릭의 성인이다. 그래서 사람들은 그들이 수도원에 박혀서 기도 생활만 한 줄 안다. 아니다. 그들은 늘 일하고 활동하고 돌아다녀야 했다. 그리고 그들을 반대하는 적들과 심각하게 싸워야 했다. 그런 그들이 교회가 기리는 영성을 산출한 것이다. 가르멜 수도자로서 데레사와 요한이 취할 수 있었던 은둔과 기도는 물리적인 게 아니다. 현대인처럼 몹시 바쁜 생활 속 정신적 은둔이었다.

아빌라의 데레사는 타고난 성격도 활달하거니와 유복한 가정에서 큰 어려움 없이 성장했다. 다만 12세 때 어머니가 돌아가시자 속된 친

---

5 한병철, 『시간의 향기』, 33.

구들과 어울리며 좀 불량기 있는 십대를 보냈다. 이를 보다 못한 아버지가 평판이 나빠질까봐 인근 수녀회 학교에 집어넣었다. 그곳에서 경건한 수녀들과 대화를 나누면서 데레사는 처음으로 수녀가 될 생각을 한다. 반면 십자가의 요한은 가난한 어린 시절을 보냈다. 3형제 중 막내였던 그는 형 하나를 영양실조로 잃는다. 아버지도 요한이 어릴 때 사망했기 때문에 과부가 된 어머니 혼자 가족부양이 힘에 부쳤다. 결국 어머니는 요한을 수도원에 맡긴다. 요한은 병원에서 잡역부로 일하며 십대 시절을 보낸다. 그런데 병원에서 예수회 학교에 보내주어 교육을 받을 수 있었다.[6]

데레사는 지적이고 책읽기를 좋아했지만 16세기 여성에게 고등교육의 기회는 없었다. 그러다보니 훗날 '교회박사'라는 영예의 호칭을 얻는 데레사이지만 그녀의 글은 체계적이기보다는 경험의 성격이 강하다. 자기 삶을 이야기하면서 거기서 깨닫게 된 것을 얘기하는 식이다. 오늘날은 이야기신학이 등장하는 시대이다 보니 데레사의 이야기식 글쓰기가 새로운 각도에서 조명되기도 한다. 반면 궁핍한 가정환경에서 성장했지만 일하던 병원의 호의를 얻어 예수회 학교를 다닌 요한은 계속해서 교육의 기회를 얻는다. 가르멜의 수도자가 되면서 스페인의 명문 살라만카대학에서 철학과 신학을 공부할 수 있었다. 그래서 십자가의 요한에게서는 데레사에 비해 훨씬 신학적일관성과 체계성을 엿볼 수 있다. 그러면서 요한은 스페인 시문학에 기여한 탁월한 시인이기도 하다.

---

6 데레사는 수녀원 입회가 자기 인생에서 몹시 어려운 결정이었음을 솔직히 밝힌다.
  Payne, "The Tradition of Prayer in Teresa and John of the Cross," 241,
  247.

이 두 사람은 기질도 상이하다. 데레사는 스스로 '수다쟁이chatterbox'라 할 정도로 활달하고 사람과 어울리길 좋아했다. 그녀가 가르멜수녀원에 들어간 것도 순전히 거기 친구가 있다는 이유 때문이었다. 친구따라 강남 간 셈이다. 수녀원에 가서도 면회실에서 사람 만나 수다 떨길 좋아했다고 한다. 반면 요한은 어두운 가정환경 때문인지 좀 우울하고 은둔자 성향이 강했다. 외향적인 데레사와 달리 그는 내향적이었다. 앞에서도 언급했지만 가르멜수도원 생활이 자신이 원하는 바와 달랐기 때문에 침묵 생활이 가능한 카르투지오수도원으로 옮겨갈 생각까지 했다.

데레사에게는 좀 늦게 되는 늦깎이 이미지가 있다. 영적 발달에 있어서도 그냥 그런 평범한 수녀로 지내다가 뒤늦게 전환점을 맞이한다. 만 39세, 우리나라 나이로 마흔에 영적 각성을 하게 된 것이다. 이때 이후 데레사는 자신이 "달라진 새로운 생활, 하느님이 내 안에 사시는 생활을 하게 된다"고 말한다.7 하느님이 내 안에 늘 사신다고 말하는 이 표현은 불교의 견성과도 같다. 견성見性이란 자신의 본래 성품을 본다는 말이다. 그리스도교식으로 말하면 하느님을 보았다, 또 그분이 성령으로 내 안에 내주하심을 확실히 알았다는 말이 되겠다. 교리로 고백하는 차원이 아니라 확실히 체험으로 아는 것을 말한다. 유영모식으로 말하면 얼의 나를 깨쳤다는 말이 될 것이다. 이러한 체험 이후 데레사가 본격적으로 수도원 개혁에 착수한 것도 47세 무렵의 일이다.

---

7 예수의 데레사/서울 가르멜 여자수도원 역, 『친주 자비의 글』 (분도출판사, 1983), 9장 1~9절을 보라.

반면 요한에게는 일찍부터 남들이 알아볼 만한 싹수가 있었던 것으로 보인다. 어려운 십대 시절에도 병원의 윗사람들은 요한에게 교육의 기회를 줄 생각을 한 것도 그렇고, 수도원에 입회하자 수도원 윗사람들도 그를 살라만카라는 당대의 명문대학으로 보낸 것도 그렇다. 그리고 데레사도 스물일곱이나 어린 그에게서 자신의 수도원 개혁 방향을 도울 지성과 영성의 힘을 보았다. 그래서 카르투지오수도원으로 옮겨가려는 그를 붙잡아 눌러 앉힌 것이다. 데레사와 달리 교육을 제대로 받은 요한은 개혁운동의 이론가로서 개혁을 반대하는 적들과 늘 논쟁하면서 살아야 했다. 자기 기질에 어긋나는 활동적 삶을 요구받은 셈이다. 그런 탓인지 요한은 49세의 아까운 나이에 생을 마친다. 옛 시대임을 감안해도 그는 일찍 피고 일찍 진 인물이다.

　사실 데레사의 개혁은 그리 오래가지 못했다. 자신이 세운 맨발의수도회가 기존의 가르멜회에서 독립한 이후 최초의 총장이 된 도리아는 창시자의 정신을 거스르는 방향의 개혁을 단행한다. 그리고 데레사의 정신을 계승하고자 하는 수녀들을 탄압했다.[8] 유교의 인간관은 어찌 보면 단순하다. 군자 아니면 소인인 것이다. 그런데 소인배들이 지들끼리 다투다가도 단합할 때가 있다. 군자를 배척하고 몰아내는 일에는 의기투합하는 것이다. 그가 있어 자기네 위선이 노출되기 때문이다. 복음서의 증언에 따르면 예수 그리스도를 당대의 종교인들이 죽이려고 든 것도 마찬가지 이유에서다.

　그러나 오늘날 사람들은 아빌라의 데레사와 십자가의 요한은 기

---

8 이 빌라, 『여성주의 신학의 선구자들』, 88.

억해도 그들을 괴롭혔던 사람들은 기억하지 못한다. 예수의 부활을 vindication, 즉 하느님께서 그의 옳음을 입증하신 것으로 말한다. 옳지 못한 자들이 작당해서 예수를 십자가에 못 박았지만 하느님께서 예수를 부활시키심으로 그의 옳음을 입증하셨다는 것이다. 아빌라의 데레사는 사후 40년이 지난 1622년 성인으로 시성된다. 십자가의 요한은 좀 더 늦게 1726년, 즉 사후 135년이 지나서 시성된다. 앞에서도 말했지만 그들은 오늘날 개신교 진영까지 포함해서 영성의 시대를 "독재한다." 그리스도교 바깥사람들도 그들을 그리스도교 영성의 대표적인 인물들로 인정한다. 이 또한 하느님의 입증하심 아니겠는가.

바쁜 현대 생활 속 은둔의 지혜

현대 사회를 사는 우리는 많이 지쳐있다. 끝없이 성과를 내고 인정을 얻는 일에도 지쳐있다. 모든 것이 빨라지고 가속화되지만 그 속에서 의미 있게 내 삶에 하나의 이야기로 통합되는 것을 발견하기 어렵다. SNS와 인터넷 등 소통의 테크놀로지가 발달했다고 하지만 진정한 우정과 친밀감의 관계와는 무관해 보인다. 자신의 모든 정보가 공개되는 마당이지만 그런 것이 관계를 위한 개방성으로 작용하지도 않는다. 오히려 익명이기 때문에 오랜 세월 쌓아온 관례의 사회를 쉽게 허물어버린다. 박노자는 노르웨이와 영국에 비교해서 인신공격이 난무하는 한국의 댓글문화와 같은 것을 본 적이 없다고 꼬집은 적이 있다.9 SNS는 정보의 확산에 기여한다지만 남을 모함하는 가짜뉴스의 확산에도 기여한다. SNS를 접었다고 하는 사람들은 현대판 은둔과 침묵을 원하는 사람들이라고 할 수 있을 것이다.

군이 번아웃 증후군이 아니더라도 세상에 지치고 의미를 찾기 어려운 사람들은 은둔을 꿈꾼다. 인간의 종교성이 그토록 광범위하게 은둔 생활의 양식으로 표현되는 까닭은 현실이 그만큼 고통스러운 탓일 게다. 인생을 고통의 바다라 한 붓다의 통찰을 우리가 무시하지 못하는 이유다. 그러나 물리적 푸가 문디, 물리적 은둔이 가능한 사람은 극소수일 것이다. 사람들은 소로우처럼 월든의 숲속 생활을 꿈꾸고 스콧 니어링처럼 농사지으며 자급자족하는 생활을 꿈꾼다. 하지만 현실에선 낚싯바늘에 꿰인 물고기처럼 속절없이 끌려갈 뿐이다. 작가 김훈은 이렇게 말한다.

모든 밥에는 낚싯바늘이 들어 있다. 밥을 삼킬 때 우리는 낚싯바늘을 함께 삼킨다. 그래서 아가미가 꿰어져서 밥 쪽으로 끌려간다. … 이 세상의 근로감독관들아, 제발 인간을 향해서 열심히 일하라고 조져대지 말아 달라. 제발 이제는 좀 쉬라고 말해 달라. 이미 곤죽이 되도록 열심히 했다. … 친구들아, 밥벌이에는 아무 대책이 없다. 그러나 우리들의 목표는 끝끝내 밥벌이가 아니다. 이걸 잊지 말고 또다시 각자 핸드폰을 차고 거리로 나가서 꾸역꾸역 밥을 벌자. 무슨 도리 있겠는가. 아무 도리 없다.10

9 박노자, 『박노자의 만감일기』 (인물과 사상사, 2008), 108-110.
10 김훈, 『밥벌이의 지겨움』 (생각의 나무, 2003), 36-37.

부질없는 희망을 말하지 않으면서도 현실의 한복판을 있는 그대로 가로지르는, 차라리 용기 있는 말이라 하겠다.

하지만 지혜 전통으로서 종교는 은둔의 지혜도 전해준다. 위에서 그리스도교의 견성은 하느님을 보는 것이라 했다. 산상수훈은 이를 "마음이 깨끗한 사람은 하느님을 볼 테니 행복하다"고 말한다(마태 5:8). 이렇게 신을 직관하는 것을 관상觀想이라고 한다. 그런데 신은 무형상의 영이므로 관상에는 대상의식이 없다. 따라서 나도 없고 너도 없다. 그래서 침묵기도라고도 한다. 흔히 침묵을 예비단계 정도로 생각하곤 하지만 토마스 머튼은 달리 말한다. 침묵이 곧 하느님이다. 침묵 안에서 하느님과 나는 하나로 합일되어 있다. 무얼 아는 의식이 아니므로 아무것도 모름, 무지의 구름이라고도 불린다. 명상에서는 이를 순수의식이라고 부른다. 대상에 대한 의식이 아니라 의식 그 자체를 의식하는 것이다.

이 의식에는 너와 나를 구별하지 않으니 모든 것을 품는 사랑이라 할 만하다. 성서가 왜 신을 영이자 사랑이라고 말하는지 이러한 관상체험에서 이해할 수 있다. 그리고 시공을 벗어난 무시간, 무공간의 의식이어서 신은 영원하다, 편재하다 말하게 된 것일 터이다. 내가 성서 이전에 경험이 있었음을 중시하는 까닭이 그러하다.[11] 성서가 하느님은 영원하시다, 사랑이시다 밝혀주는 것을 계시라 한다

---

11 보통 신학의 출발점을 교회에서는 계시와 성서에 둔다. 반면 보다 인간학적인 신학은 언어 이전의 경험에 두거나 일상 언어에 기초한 구성에 둔다. 나름의 장단점이 있고 서로 비판하기도 한다. 그러나 나는 다 맞고 서로 맞물리기도 하는 상호관계가 있다고 본다. 그러므로 이 말은 다른 관점들을 배제하는 말이 아니다.

면 그러한 계시는 초월의식 경험을 통해 알려진다고 보기 때문이다.

희한하게도 이러한 초월의식 경험은 인간을 평화롭고 행복하게 해준다. 명상이 세로토닌 분비를 돕는다는 건 임상적으로 밝혀진 사실이다. 세로토닌은 심신을 안정시키고 평화롭게 해주는 호르몬이다. 세로토닌뿐만 아니라 엔도르핀과 도파민도 기도나 명상 같은 종교경험과 관련된다. 사람이 감동을 느낄 때 연관되는 호르몬으로 그 셋이 대표적이다. 엔도르핀은 웃고 즐거울 때 주로 분비되는 호르몬이다. 강력한 진통제인 모르핀보다 2백 배 강한 진통작용을 한다. 그래서 엔도르핀은 암세포도 죽인다고 한다.

도파민 또한 사랑과 희열, 감동을 느낄 때 분비된다고 한다. 도파민이 분비되면 적극적인 마음과 함께 예술적 영감이 떠오르고 뇌의 활동이 최고조에 이른다. 다만 도파민은 중독현상에도 연관되어 쾌락 물질이라고도 불린다. 거기에 비하면 세로토닌은 짜릿한 희열보다는 잔잔한 행복 물질에 가깝다. 현대인을 괴롭히는 이런저런 중독에 영적인 접근이 필요한 까닭도 그래서일 것이다. 쾌락을 행복으로 대체할 수 있기 때문이다.

여하튼 은둔에 이렇게 긍정적인 호르몬을 분비시키는 기도나 명상이라는 요소가 결합되어야 한다. 그리고 자신을 객관적으로 비추어볼 수 있는 모종의 독서 또한 필요하다. 이런 요소들이 있을 때 인간의 홀로 있음은 행복한 것이 된다. 그리고 예수 그리스도처럼 '보라, 내가 세상을 이기었노라' 하는 초탈의 힘을 얻을 수 있다. 그런 초월적 요소가 없는 홀로 있음은 상처에서 헤어 나오지 못하고 증오만 증폭시키는 마음의 감옥이 될 수 있다.

아빌라의 데레사나 십자가의 요한은 몹시 분주하고 활동적인 삶

가운데 은둔의 영성을 실천한 인물들이다. 이들을 통해 은둔은 짧고 단속적이어도 효과적일 수 있다는 희망을 배운다. 꼭 물리적으로 산이나 어디 멀리 가서 장기적인 은둔생활이 아니어도 세상을 이길 힘을 얻을 수 있다는 말이다. 켄 윌버는 바쁜 현대인을 위해 1분 영적 수련 같은 걸 권한다. 번아웃에 시달리는 현대인이야말로 마음의 골방에 들어가는 은둔이 비록 1분, 3분, 5분이어도 좋으니 필요한 사람들이다. 그런 의미에서 데레사와 요한은 우리의 모범이다.

12장

페미니즘 영성
: 배제하고 넘는 길, 품고 넘는 길

이 작은 책이 그리스도교 영성 전통을 총망라할 수는 없다. 중요한 전통인데도 생략한 것들이 많다. 존 웨슬리나 성공회의 영성도 뺐고, 흑인 영성, 해방신학의 영성도 다루지 않았다. 21세기가 진행되는 마당에 생태 영성도 생략했다. 주위 현실과 가깝게 보이는 영성 전통들만 취사선택했다. 마지막 장의 주제를 페미니즘 영성으로 삼은 이유가 있다. 대학 사회의 현실과 가까운 주제다. 현대 신학의 특징을 엿보기에도 적합하다.

현대 신학을 '백가쟁명百家爭鳴'의 시대라고 한다.1 어느 하나가 주도권을 쥐기보다 수많은 유파가 서로 경쟁하며 다투는 시대라는 것

---

1 박만, 『현대신학이야기』 살림지식총서067 (살림, 2004), 59.

이다. 20세기만 해도 거장들이 있었다. 칼 바르트, 칼 라너, 루돌프 불트만, 폴 틸리히 등이 신학의 흐름을 이끌었다. 이름에서 짐작이 가듯 독일 신학이 주류였다. 하지만 지금은 다양한 신학운동들이 일어났고, 과거 주류였던 독일 신학도 이젠 하나의 갈래 정도로 위상이 떨어졌다. 다양한 신학운동들이 등장하면서 신학 개념들의 의미도 무척 다양해졌다.

> 전통신학이 성 어거스틴의 영향 속에 죄를 교만과 불순종 및 정욕으로 본 데 비해, 여성신학은 가부장사회 속의 여성들의 경험에 근거하여 죄를 하나님의 형상을 가진 이로서 제대로 살지 못하게 하는 것으로 이해하면, 그렇게 만든 근본적인 죄로 가부장 제도를 지적한다…. 또 남미의 해방신학은 죄를 주로 정치 경제적인 억압으로 보기 때문에 구원 역시 남미의 정치적 억압, 경제적 수탈, 문화적 소외에서의 해방으로 이해한다. 그런가 하면 생태계 신학은 죄를 생태계를 약탈하고 파괴하는 인간중심주의와 그 이기심에서 찾으면서 하나님의 구원(해방)의 범위는 인간을 넘어 전 피조세계에까지 미친다고 가르친다.[2]

한병철은 현대를 '웅성거림'의 이미지로 포착한다.[3] 현대 신학의 백가쟁명이란 웅성거림을 닮았다. 뒤엉켜있지만 저마다의 소리를 내기 바쁘다. 수백 개의 모놀로그만 있는 형국이다. 저마다 처한 특

---

2 위의 책, 59-60.
3 한병철, 『권력이란 무엇인가』, 21.

정 층위에서 저마다 중시하는 매개 개념을 중심으로 작업하기 때문에 그런 것 같다. 한병철은 '밝힘'이나 '묶어냄'이 없는 현실을 말한다. 무더기일 뿐인 현실. "이스라엘에 왕이 없으므로 사람마다 자기 소견에 옳은 대로 행하였다"(판관 17:6). 현대 신학의 상황도 이와 비슷해 보인다. 불교 말로 '회잡會雜', 즉 잡스럽게 얽혀 시비만 끝없는 형국 같기도 하다.

페미니즘 영성의 신학

이 책은 일반 사회의 페미니즘 담론에 뛰어들 생각이 없다. 다만 신학의 표준으로서 페미니즘 영성을 논할 따름이다. 수학에서 문제가 어려울수록 공리公理를 기억하라고 한다. 현실의 페미니즘 담론이 복잡할수록 신학의 기준이 무엇인지 기억할 필요가 있다. 즉 신학으로서 페미니즘 영성에 대한 표준을 공리처럼 짚어보고 싶을 따름이다. 신학으로서 페미니즘 영성의 첫 번째 공리는 상호성이다. 페미니즘 영성이라고 부를 수 있으려면 우선 남성과 여성의 동등성에 대한 자각이 우선이다. 양성 모두 하느님의 형상대로 지어진 존재라는 신학적 자각이 있어야 한다. 그래야 어느 한쪽이 다른 한쪽을 지배하거나 복종하는 것이 옳지 않다는 자각이 나올 수 있다. 상호성이 양성 관계의 기본이다. 그런 다음 여성차별의 문제가 사회 전체의 문제요 구조 악의 문제라는 자각이 있어야 페미니즘 영성이라고 할 수 있다.

남성 중심적인 중세 교회의 제약을 뚫고 가르침을 후대에까지 전한 빼어난 여성들이 있다. 휘트비의 힐다, 빙엔의 힐데가르트, 시에나의 카타리나, 노르위치의 줄리안 같은 이들이다. 하지만 상호성과 사회구조에 대한 자각이라는 기준을 적용하면 이 여성들을 곧장 페미니즘 영성의 선구자라 하긴 어렵다. 힐데가르트의 경우 하느님을 여성으로 말하기도 했거니와 교회의 여성비하에 맞서기도 했다. 당시 교회는 구약에 근거하여 여성의 생리혈을 부정하다고 보았다. 하지만 힐데가르트는 오히려 남성이 일으킨 전쟁의 피가 더 부정하다고 맞받아쳤다. 이렇듯 중세 여성들에게서도 페미니즘 영성에 영감을 줄 만한 요소들이 없는 것은 아니다. 하지만 그들에게는 대체로 여성에 대한 차별이 사회구조의 문제라는 인식은 찾아보기 힘들다. 강남순은 이렇게 말한다.

> 힐데가르트가 여성적인 신의 이미지를 구성했다고 해서 힐데가르트를 페미니스트 영성의 모델로 삼을 수는 없다. 페미니즘은 가부장제에 대한 근원적인 비판에서 출발하는 것이기 때문이다…. 가부장제와 성차별주의에 대한 인식 없어 전개되는 영성은, 여성들이 주도한다고 할지라도, 페미니스트 영성 또는 페미니스트 신학적 영성으로 분류하기는 어렵다.[4]

아빌라의 데레사는 예외다. 데레사에게는 명백히 사회가 여성들에게 씌운 굴레에 대한 인식, 그 한계를 뛰어넘으려는 인식이 있었다. 『완덕의 길』에서 데레사는 세계가 여성에게는 닫혀 있다고 말한

---

4 강남순, 『21세기 페미니스트 신학』(동녘, 2018), 228.

다. 그래서 여성이 공적인 기여도 할 수 없고 몇 마디 진리를 말할수도 없음을 개탄한다. 아쉽게도 교회는 나중에 검열을 통해 데레사의 글에서 그런 대목을 제거했다. 데레사는 맨발의 가르멜 수도회를세울 때도 사회의 구조적 여성차별의 문제를 인식하면서 회헌을 만들었다. 그래서 여성들이 자신의 가능성을 믿고 함께 연대하는 공동체가 되게끔 의도했다. 데레사는 유독 차별에 민감했다. 아마도 그녀가 스페인에서 차별을 겪던 유대인 개종자 가족 출신이었기 때문일 것이다.5 아쉽게도 데레사가 만든 회헌은 한 세대가 가기도 전에변질한다. 맨발의 가르멜회 초대 총장 도리아가 반동적인 개혁으로이를 뒤엎었기 때문이다.

하지만 남성 중심의 교회에서 자신의 가르침을 후대에 남긴 여성들이 있었다는 사실 자체가 주는 교훈이 있다. 중세 여성들에 관한기록은 대개 그들 스스로 남긴 것이 아니다. 남성 기록자들에 의해전달되는 경우가 많았다. 그들에게서 여성 문제에 대한 자각이 분명치 않아 보이는 이유도 그 때문일 수 있다. 남성의 눈으로 착색된 기록일 수 있는 것이다.6 그렇더라도 생각해볼 점이 있다. 현대보다 훨씬 불리한 처지에 놓였던 중세 여성들이 그 한계를 넘어서 자신의가르침을 전할 수 있었던 힘에 대해서 말이다. 중세 여성들은 제도나법의 뒷받침을 기대할 수 없었다. 따라서 여성이 공적인 지위나 권위를 갖고 일을 하기란 불가능했다. 그런데도 그들이 가르침을 멀리 후대에 전할 수 있었던 힘은 무엇이었을까?

---

5 Payne, *The Tradition of Prayer in Teresa and John of the Cross*, 239-240.

6 Robin Darling Young, "Holy Women: Their Spiritual Influence in the Middle Ages," in *Spiritual Traditions for the Contemporary Church*, 396.

페미니즘 영성은 비판의 톤을 가질 수밖에 없다. 여성을 차별하는 현실의 구조적 모순을 자각하는 것이 페미니즘 영성이다. 강남순이 말했듯 역사의 오랜 가부장제, 사회의 성차별주의에 대한 자각과 비판의식에서 출발하는 것이기 때문이다. 그러니 해방신학처럼 현실을 비판하고 투쟁하려는 다소 거친 목소리를 가질 수밖에 없다. 그러나 신학으로서 잊지 말아야 할 페미니즘 영성의 또 다른 기본전제가 있다. 남성과 여성 모두 하느님의 형상으로서 동등하고 호혜적인 관계를 맺는 것이 신의 뜻이라는 사실이다. 신학은 신에 관한 말, 즉 신에 대해 올바르게 말하는 문제다. 사회에는 다른 세계관과 관점을 지닌 페미니즘 담론이 많다. 하지만 신학으로서 페미니즘 영성은 그게 궁극의 목적이라고 말할 수 있어야 한다. 1장에서 영성을 궁극이자 전체성이라 했다. 남녀가 서로 대등하며 서로 이롭게 하는 호혜성을 궁극으로 삼아야 페미니즘 신학이다. 그래서 남녀 모두 화합하여 더 큰 전체성을 이루려는 것이 페미니즘 영성이다.[7]

그런데 최근 한국 사회에는 이러한 호혜성과 더 큰 하나를 이루는 것과는 무관해 보이는 페미니즘 논란이 진행된다. 이들에게 가부장제와 성차별에 대한 비판의식은 넘쳐나 보인다. 하지만 상호성과 전체성에 대한 지향은 없어 보인다. 아마도 자신들이 남성 중심 사회에 희생된 약자요, 겨우 살아남은 생존자라 여기기 때문일 것이다. 그 보상과 보복의 심리로 남녀평등을 넘어 여성 독재에 가까운 태도

---

7 페인의 여성신학자 이 빌라는 여성주의 신학은 비판신학이며 해방신학의 한 형태로서 투쟁 및 권리 주장이 불가피하나 종국에는 전보다 더 큰 전망을 이룩하고 그 안에서 모두가 호혜적인 관계를 맺기 위함이라고 정의한다. 이 빌라, 『여성주의 신학의 선구자들』, 20-22.

와 관점을 갖는 것인가, 지금껏 남성 독재에 대한 반발로 그러는 것인가? 그렇지만 인류는 거친 환경에 맞서 상호협력을 강화하면서 살아남은 종족이다. 미래에도 인류는 그런 방향으로 생존을 모색해갈 것이다. 어떤 운동이 비판으로 출발해도 마침내는 공감과 상호협력을 통해 결실을 이룰 수 있다. 적대감과 도덕적 우월의식, 여성 독재를 특징으로 하는 운동에 어떤 미래가 가능한지 잘 모르겠다.

적군파로 알려진 구 서독의 극좌파 무장단체도 68혁명으로 촉발된 사회비판의식에서 출발한다. 이 단체는 1998년 로이터통신에 공식해체 선언문을 발송하면서 공식 해산한다. 그 과정을 보면 연대를 확장해가기보다는 자신들의 극렬한 이념을 고집하면서 더 잘게 쪼개지고 마침내 고립, 몰락해가는 모습이 들어있다. 흔히 '전공투'(전학공투회의全学共闘会議의 준말)라 일컫는 일본의 학생운동도 비슷하다. 이들은 일본의 공산당조차도 보수주의 정당이라 매도하면서 날 선 공격성만을 동력으로 삼았다. 그런데 시간이 지나면서 내부 당파 간 다툼과 살인으로 100명 이상이 죽는 일이 벌어지고 사회의 지지를 잃으면서 급속도로 무너진다.

반면 간디나 마틴 루터킹의 비폭력 저항운동은 훨씬 큰 공감과 유대를 얻는다. 그래서 오늘날도 사람들이 기억할 만한 가치의 상징이 되었다. 그러므로 하나의 운동이 비판과 투쟁의 성격을 갖더라도 운동의 성패는 얼마나 널리 공감과 유대를 얻어내는가에 달렸다. 약자의 운동이라면 더욱 그러하다. 바로 그러한 교훈을 중세 여성 스승들에게서 찾을 수 있다고 본다. 중세 교회와 사회의 약자요 이름 없는 존재들이었던 여성들 아닌가. 그런데도 이들의 메시지와 삶은 사람들의 공감을 얻었다. 그 공감의 울림은 지금도 이어진다. 현대인들도 그 여성들을 스승 삼아 영성을 찾는다.

페미니즘은 워낙 다양한 유형이 존재한다. 열 명이 있으면 열 개의 페미니즘이 있다는 말이 있을 정도다. 역사를 보면 여성 참정권 운동을 중심으로 한 1세대 자유주의 페미니즘, 가부장제 철폐를 목표로 하는 2세대 급진 페미니즘, 다양한 학문과 교차성 개념을 중심으로 논의를 전개하는 3세대 페미니즘으로 전개되었다. 그 안의 분파들을 들여다보면 훨씬 복잡다단하다. 페미니즘 앞에 사회주의, 마르크스주의, 에코, 트랜스, 교차, 포스트모던, 성차, 아나카, 레즈비언 등 갖가지 이름을 단 페미니즘들이 존재하는 것이다. 심지어 기독교 우파와 연대해서 낙태나 포르노에 반대하는 보수주의 페미니즘도 있다. 이렇게 분파가 많으니 하나의 사안을 놓고도 관점이 다 다르다. 성 소수자나 트랜스젠더 여성을 인정하는 파도 있고, 거절하는 파도 있다. 화장이나 옷차림을 수용하기도 하고, 탈코르셋이라 해서 그런 것을 거부하기도 한다. 생물학을 우생학으로 거부하는가 하면 다윈주의 페미니즘처럼 수용하는 파도 있다. 포르노를 여성의 성 대상화라고 비난하는가 하면 필요하다는 성 긍정 페미니즘도 있다. 심지어 다분히 여성 억압이라 할 이슬람과 연대하는 페미니즘도 있다. 그러니 페미니즘이라고 하나의 이름으로 묶기가 곤란하다.

앞에서도 말했지만, 필자는 사회의 다양한 페미니즘 담론에 가담할 의사도 식견도 없다. 다만 신학의 사유를 현실의 지도로 삼는 한 그리스도인으로서 발언할 뿐이다. 신학과 영성으로 페미니즘 영성의 기본 전제가 양성평등과 상호호혜라는 점을 기억하고 싶은 것이다. 그래서 어지러워 보이는 세상의 현실을 그리스도교 신앙이 갖는 설명력에 기대어 바라볼 따름이다. 인간은 본래 선한데 제도나 권력,

국가의 억압을 받아서 망가진다는 관점이 있다. 이런 관점은 아우구스티누스가 말한 원죄 같은 개념을 좋아하지 않는다. 인간의 자부심과 자존감을 상처 주는 가르침이라고 폄하한다. 내가 보기에 아우구스티누스의 원죄란 인간은 내버려 두어서는 결코 믿을 수 없는 존재임을 말하는 것이다. 그런데 인간은 원죄만 아니라 신의 형상도 지녔다. 그게 그리스도교의 이야기이다. 그러니 인간은 선도 악도 가능한, 지극히 모순된 복잡한 존재다. 내가 볼 때 이 그리스도교의 이야기는 주변 세상에서나 나의 내면에서 발견하는 모습과 일치한다. 어느 쪽이 더 설명력이 크고 현실의 지도로서 적합한가?

갈라디아서 3장 28절에는 이런 구절이 나온다. "유다인이나 그리스인이나 종이나 자유인이나 남자나 여자나 아무런 차별이 없습니다. 그리스도 예수 안에서 여러분은 모두 한 몸을 이루었기 때문입니다." 그리스도교 사회윤리의 원칙이 압축된 구절이다. 실제로 그리스도교는 역사에서 인종차별과 신분의 차별을 없애는 데 기여했다. 사람들은 지나고 나면 그런 문제가 존재했다는 사실도 잊는다. 하지만 그리스도교는 인류가 모든 인간을 신의 형상을 지닌 개인으로서 차별 없이 보도록 도운 종교다. 이제 그리스도교 영성은 모든 인간이 신의 형상이라는 관점, 서로 삼위일체처럼 "구별되나 협력하는" 관계를 이루어야 한다는 관점에서 성차별 문제에 접근하는 것이 기본이다. 그런데 오늘날 여성우월주의와 남성 혐오로 치닫는 사회의 페미니즘은 그리스도교의 이야기와 다름을 말하고 싶을 따름이다.

여성이 곧 양심은 아니다

『긍정의 배신』 및 『노동의 배신』 등의 책으로 우리나라에도 이름을 알린 미국의 바버라 에런라이크는 사회학자이자 페미니스트다. 그런데 에런라이크는 2004년 5월 LA타임스에 "자궁이 양심을 대신하는 게 아니다"(A Uterus is Not a Substitute for a Conscience)라는 도발적인 글을 올려 페미니스트 진영 내부에서 논란을 일으킨다.[8] 이 글에서 에런라이크는 "남성을 영원한 가해자로, 여성을 영원한 피해자로 놓고 여성에게 가하는 성적 폭력이 모든 불평등의 근원이라고 보는 그런 페미니즘은 죽었다"고 말한다. 여성이 남성보다 도덕적으로 우월하다는 가정에 기초를 둔 페미니즘은 죽었다는 것이다.

이 글에서 에런라이크는 이라크 아부그라이브 감옥에서 벌어진 일을 거론한다. 에런라이크는 자신이 내심 순진한 환상을 품었다고 말한다. 여성의 군 진출이 늘어나는 것만으로 군대가 변화하리라 생각했다는 것이다. 그러나 아부그라이브 감옥에서 이라크 포로들을 수치스런 자세로 벌거벗겨놓고 학대한 일곱 명의 군인 중 셋이 여성이었다. 물론 그들은 말단사병에 불과하지 않느냐는 반론이 있을 수 있다. 하지만 그 감옥의 책임자는 여성 장군이었다. 포로의 상태를 점검하고 관리하는 책임자도 여성 장군이었다. 무엇보다 이라크 전쟁을 총괄한 인물은 여성 콘돌리자 라이스 국무장관이었다.

에런라이크는 자궁이 양심을 대신할 수 없다는 사실을 배웠다고

---

8 원문 링크: https://www.countercurrents.org/iraq-barbara220504.htm.

말한다. 여성이라는 이유만으로 도덕적 우월성을 가정하는 그런 태만한 페미니즘은 죽었다는 것이다. 그리고 여성의 권리를 위한 투쟁만이 해방을 위한 유일한 투쟁이 아니라는 점도 지적한다. 평화와 사회정의, 제국주의 및 인종적 오만함과의 투쟁은 별개의 투쟁이나 페미니즘의 투쟁 못지않게 중요하다. 그런데 그런 투쟁들에 숭고하게 희생한 양심적인 인물들을 단지 남성이라는 이유로 비하하고 조롱하는 여성들이 있다. 에런라이크가 2004년도에 한 비판은 지금 한국의 시점에 적실해 보인다.9 양심은 자아에는 이질적이다. 자아에 불편한 진실도 직면하길 요구한다. 양심과 진실에 입각하지 않는 한 세상에 여성만 남는다고 도덕적으로 더 나은 세상이 되진 않을 것이다.

우리는 한 이념진영 내부의 서로 다른 도덕성 발달수준을 살필 필요가 있다. 미국의 발달심리학자 로렌스 콜버그는 정의를 중심으로 인간의 도덕성 발달을 파악한다. 캐롤 길리건은 『다른 목소리로』라는 책을 통해서 콜버그의 관점이 성차별적이라고 비판한다. 남성의 도덕성이 정의 중심이라면 여성의 도덕성은 배려가 중심이라는 것이다. 남성에 비해 여성이 훨씬 관계 지향적이라는 말이기도 하다. 길리건이 콜버그와 논쟁이 벌이면서 말한 여성의 배려 중심, 관계지향성이 여성이 남성보다 도덕적으로 더 우월하다는 말로 들렸던 모양이다. 많은 여성들이 길리건의 이론을 그런 식으로 차용했다. 그러나 윌버가 지적하듯 이는 심각한 오독이다.

---

9 현재 국내 페미니즘이 1990년대에 머물러 있다는 지적이 있다. 그 지적이 옳다면 2004년 에런라이크의 성찰은 지금 국내에 적용할 만하다. 오세라비, 『그 페미니즘은 틀렸다』 (좁쌀한알, 2018), 45.

콜버그는 정의라는 남성적 개념, 길리건은 배려라는 여성적 개념을 중심으로 도덕성 발달을 살핀 것은 맞다. 하지만 둘 다 공히 인간의 도덕성이라는 것이 단계를 두고 위계적으로 발달한다는 사실을 말한다. 전인습-인습-후인습의 단계를 밟아 발달하는데 이 말은 나 중심-우리 중심-세계 중심으로 도덕성의 수준이 높아진다는 말이다. 길리건의 배려가 여성적 가치이긴 하나 거기서도 나만 배려하는 사람, 우리를 배려할 줄 아는 사람, 나아가 모두를 배려할 줄 아는 사람으로 수준이 달라지는 것이다. 그러므로 길리건의 이론을 갖고 여성인 것만으로 도덕적 우월성을 타고난다고 주장하는 건 맞지 않다. 여성 개인이나 집단이 어느 수준의 도덕성을 보이는지 들여다봐야 하는 것이다.

길리건의 발달단계에서 가장 낮은 수준이 자기중심적 단계이다. 자신의 이익과 생존에만 몰두하는 단계다. 따라서 타인에 대한 진정한 관심과 배려가 부족하다. 오로지 자신에게 제일 이로운 게 무엇인지가 결정과 판단의 준거다. 콜버그는 60년대 미국에서 진보이념으로 학생운동을 활발히 하던 버클리대학에서 도덕성 발달수준을 검사했다. 그랬더니 모두의 권리와 정의를 공평하게 배려하는 의식으로 활동하는 학생들은 20퍼센트에 그쳤다고 한다. 길리건의 가치를 중심으로 여성들을 검사하면 어떤 결과가 나올까? 거기서 자기중심 단계에 해당하는 비율은 얼마나 나올까? 오로지 자신의 이익만을 생각하는 자기중심 단계에서는 모두의 평등을 얘기하더라도 실제로는 자신만을 위한다. 배려하는 의식이 진정으로 타인의 평등에까지 미치지 못하는 것이다.

모두 즉 자신과 타인을 공평하게 배려할 줄 아는 것이 성숙한 단계다. 그런데 길리건은 이 단계로 이행되기 직전에 과도기가 있다고 말한다. 이 과도기의 특징은 진실에 관심하는 것이다. 이 대목은 눈길을 끈다. 극렬하게 이념을 내세울 뿐 진실에 개의치 않는 모습은 성숙한 도덕성과는 거리가 멀다. 한 마디로 양심이 없는 것이다. 그게 페미니즘이든 뭐든 진실의 문제에 아랑곳하지 않는다면 길리건의 관점에서 볼 때 도덕성 수준이 낮은 것이다. 에런라이크의 말처럼 여성이 곧 양심은 아니기 때문이다. 현대가 탈진실을 특징으로 하는 시대라는 윌버의 설명은 이 현상에도 부합한다. 그리고 악마는 거짓의 아비라는 그리스도교의 오랜 이야기에 맞춰 탈진실을 이 시대의 악령이라 할 만하다(요한 8:44).

또 하나의 근본주의 종교

에런라이크는 여성이 이기면 모두가 이기는 것처럼 가정하지 말자는 말도 한다. 그런데 최근 논란이 된 여성 집회에서는 인권과 자유를 위해 노력하고 헌신했던 남성들조차 조롱받고 비하당한다. 이해하기 어려운 현상이다. 여성을 절대 선, 남성을 절대 악으로 삼는 또 하나의 이원종교라도 출현한 걸까? 에덴동산에서 인간은 스스로 신이 되고자 선악과를 먹었다. 현대의 선악과는 이제 여성은 선, 남성은 악이라는 등식인 모양이다. 거기에 깃든 자기만족, 자기도취는 가히 스스로 신이 되는 모습이다. 자신이 절대 선이라니 말이다.

이런 이원론의 모습은 무척이나 종교 근본주의를 닮아있다. 근본주의란 한 마디로 도그마 주의다. 도그마가 인간을 위하는 것이 아니라 인간이 도그마를 위해 있는 식이다. 예수는 안식일이 사람을 위해 있는 것이지 그 반대는 아니라 했다(마르 2:27). 그는 당대 종교의 도그마 주의를 정반대로 뒤집은 것이다. 그리스도교 근본주의자들은 성서에 오류가 있을 수 없다며 자신들의 입장 또한 오류가 없다고 주장한다. 근본주의자들은 누가 그 무오성에 의심을 제기하면 하느님의 계시를 믿지 않는 불신자라서 그렇다고 말한다. 비슷하게도 이 페미니스트들은 자신들의 도그마를 반대하는 이들은 죄다 성차별주의자요 여성 혐오자이기 때문으로 단언한다.

종교 근본주의자들은 자기네와 같은 교리, 같은 집단에 속하지 않는 사람들은 결코 구원받지 못한다고 선언한다. 비슷하게도 어떤 페미니스트들은 정체성 정치, 즉 자기네와 같은 집단에 속하지 않은 사람들은 모조리 적으로 규정하는 모양이다. 근본주의가 예수 그리스도를 믿어야만 구원받는다고 주장하듯 이들은 여성이 승리해서 우월한 권력을 갖는 길만이 유일한 인류해방의 길이라 주장한다. 다른 해방의 노력은 무가치하다고 보는 모양이다. 인간의 해방과 자유를 위해 노력한 이들마저 남자라는 이유로 소위 '한남충'(벌레 같은 한국 남성의 준말) 벌레 취급했다니 말이다. 마치 예수를 믿지 않으면 아무리 선한 일을 했어도 구원받을 수 없다는 식 논리와 유사하다.

근본주의자들은 아담의 원죄가 후대에 내리 이어져 모든 인간이 죄인이라고, 예외는 없으니 회개하라고 추궁한다. 어떤 페미니스트들 눈에는 남성인 게 원죄인 모양이다. 지금 인간이 먼 옛날 아담의 원죄에 책임져야 하듯 수천 년 가부장제의 책임을 지금 남성들도 뒤집어쓰라고 요구한다. 그게 우리가 한 일은 아니지 않은가 항변해도 소용없다. 개인의 죄와 책임이 아니어도 원죄 앞에 무릎을 꿇으라는 것이다. 예수는 동정녀 마리아에 태어나 혈통 상 요셉과 무관한 하늘의 순혈이라고 말하는 방식이 있다. 어떤 여성들은 아버지와 형제도 남성이므로 자신과 무관한 적으로 돌린다는 말도 들었다. 하늘 순혈주의 못잖은 여성 순혈주의인가보다. 근본주의자들은 자신들을 제외하면 죄다 적이거나 악마의 하수인들이다. 그들은 적으로 가득한 세상에 산다. 또 적이 늘 필요한 사람들이기도 하다. 분노와 원한이 그들 삶의 동력이기 때문이다.

무엇보다 이들은 도그마로 사람들의 언행을 검열하고 처형하던 종교재판소를 방불케 한다. 과거 어느 종교재판관은 그런 말을 했다고 한다. 누가 아무렇게나 갈겨쓴 메모 네댓 개만 가져오라, 그러면 그를 화형에 처할 수 있다고. 지금은 과거처럼 물리적 화형은 시킬 수 없지만 정신적 화형은 가능하다. 말 한마디 잘못했다가는 조리돌림을 당해 살 수가 없다. 간호사 세계에는 '태움 문화'라는 것이 있다고 한다. 영혼이 재가 되도록 태운다는 뜻이란다. 그런데 극렬 페미니스트들은 문화혁명의 홍위병들처럼 검열에 걸린 사람을 조리돌려 그야말로 태워버린다. 말 한마디로 사람을 이단으로 만들어 화형에 처했던 종교재판관들의 모습이 겹쳐 보인다.

여성 우월과 남성 혐오를 드러내는 집단이 페미니즘의 주류가 아니길, 전체 페미니즘 운동이 자정 능력을 발휘하길 바랄 따름이다. 그러잖아도 근본주의가 인류의 멸망을 부추길 수 있다는 경고가 있는 판에 또 하나의 근본주의는 필요 없다. 인류는 가혹하고 예측할 수 없는 운명과 자연에 맞서 상호협력을 증대함으로써 생존했다. 협력이 아니라 혐오를 동력으로 삼는 사회운동, 공감과 유대가 아닌 분리지향의 세력이 후대에 어떤 가치를 전할 수 있을지 모르겠다. 원시 그리스도교 운동이 번질 무렵 존경받는 랍비 가말리엘은 이런 말을 한다. "하느님에게서 비롯된 것이면 막아도 소용이 없겠고 아니라면 어차피 스러질 것"이라고 말이다(사도 5:35-39). 영의 움직임, 사람을 화해케 하고 흩어진 것도 암탉이 병아리를 날개 품에 모으듯 하는 일이 페미니즘 안에 있다면 자정작용을 거치면서 성숙해질 것이다. 아니라면 가말리엘의 말처럼 저절로 길을 잃고 흩어질 것이다. 올더스 헉슬리는 이런 말을 했다. "남자에게서 여자를 빼면 돼지가 남고, 여자에게서 남자를 빼면 광기가 남는다."[10] 지금 세상은 돼지와 광기가 난무한다. 헉슬리의 말이 옳다면 남성성과 여성성이 통합된 온전한 인성이 그런 세상의 해독제일 것이다. 사회 전체로도, 한 개인의 내면에서도 말이다.

---

10 윌버, 『켄 윌버의 일기』, 17.

후 기

이 책에 실린 글들은 원래 학부생들을 대상으로 강의한 내용이다. 학생들 가운데 그리스도교 신앙인들도 있고, 다른 종교를 가진 학생들도 있었다. 하지만 자신이 종교와 무관하다고 생각하는 학생들, 무신론자를 자처하는 비종교인 학생들이 더 많았다. 보통 신학은 그리스도교 신앙의 개념들을 대상으로 연구하는 학문으로 생각한다. 혹은 종교학의 일부인 양 종교를 객관적으로 연구하는 학문의 한 하위 분야로 생각하기도 한다. 어느 쪽의 초점으로도 이 다양한 학생들이 모인 교실과 접점을 찾기 어렵다. 그렇지만 그들도 현실과 맞닥뜨려 삶을 살아야 한다. 그리고 젊은 청춘들에게도 삶은 대체로 고통스럽고 고뇌를 안겨준다.

나는 그리스도교 영성의 여러 전통을 통상 생각하는 신학이나 종교 연구처럼 전하고 싶지 않았다. 인간은 고통스러운 삶에 마주하여 의미를 묻는 존재다. 의미는 서사에서 나온다. 그 이야기를 통해 나는 누구고, 세상은 무엇인지, 그 속에서 나는 어떻게 살아야 하는지 의미와 방향을 찾는 것이다. 나는 그리스도교 영성의 오랜 전통들을 그리스도교가 현대인들에게 들려주는 이야기로 제시했다. 우리가 주변에서 경험하고 목격하는 현실, 자기 내면에서 영화처럼 일어나는 경험을 잘 설명해주는 그리스도교의 이야기로 말이다. 물론 세상에는 그리스도교와 경쟁하는 다른 설명 방식들이 존재한다. 현대인들은 대체로 종교를 무시한다. 그러나 이 그리스도교의 이야기들은 여전히 의미의 원천으로서 귀중하다. 우리는 거기서 현실의 고통과 무의미와 맞설 의미의 지도를 구할 수 있다.

학생들은 내 강의를 귀 기울여 들어주었다. 모두를 만족시키기란 어렵다. 하지만 학생들은 대개 눈을 반짝거리며 경청해주었다. 수업이 끝난 이후에도 한참 얘기가 오갔고 연구실로 찾아와 질문과 토론을 계속하길 원하는 학생들도 있었다. 몇몇 학생들은 거의 소논문 수준으로 과제를 제출했다. 학생들의 경청과 진지함이 나를 무척 기쁘게 했다. 그들로서는 그리스도교의 이야기가 현실의 경험과 의미를 성찰하도록 돕는다는 사실이 좀 의외였던 모양이다. 어떤 친구는 신학이 이렇게 범용성 높은 학문인 줄 몰랐다고도 했다.

강의실에서처럼 이 책을 읽는 사람들이 대학생들이기만 하진 않을 것이다. 하지만 강의실에서처럼 다양한 스펙트럼의 독자들에게 읽고 생각할 거리가 되길 바랄 따름이다. 따지고 보면 신학이 현실과 인간 경험에서 자료를 얻는 일은 결코 낯선 일이 아니다. 아우구스티누스는 만족할 줄 모르는 인간실존의 경험을 갖고 신학의 자료로 삼았다. "하느님, 당신 안에 쉬기까지 우리 마음은 쉴 수 없습니다"라는 유명한 말도 그렇게 해서 나왔다. 역으로 신학은 그 경험의 의미를 포착하도록 던지는 그물이 된다. 아우구스티누스는 인간이 신이 아니고선 만족하거나 휴식할 수 없는 존재라는 의미를 끌어냈다. 이러한 인간의 의미는 중독이 만연한 현대 사회에 큰 설명력을 갖는다.

현대 사회는 신 대신 중독을 안은 사회다.

이 책에 담은 현실의 이미지는 수년간 대학 사회에 몸담으면서 갖게 된 것이다. 나는 대학이 현실 사회의 축소판이란 생각을 자주 했다. 나만의 일인칭 경험반경만으로 세상은 이렇다, 상을 구성하는 일이니 지나친 일반화의 오류를 피할 수 없을 것이다. 하지만 누구나 자신이 직접 보고 겪은 범위를 넘어서는 남의 말에 의지할 수밖에 없다. 미디어와 책이 전해주는 이미지와 이야기란 다 남의 말이다. 내 경우 도스토옙스키의 소설 『악령』, 윌버가 말하는 탈진실, 성서의 이야기 등이 거기 해당한다. 그들을 통해 내 경험반경과 일관되면서도 그 범위를 넘어 세계에 대한 이미지 구성이 가능했던 셈이다. 그리고 그리스도교 영성의 여러 전통과 이야기들은 그러한 세상에서 나는 누구이며 어떻게 방향을 잡고 살아야 할지 가늠케 해주는 지도다. 나는 이 책을 통해 그리스도교의 옛이야기들이 오늘의 현실에도 의미의 지도가 될 만큼 말이 된다는 얘기를 하고 싶었다.

글을 써놓고 보니 못난 글임은 둘째 치더라도 군데군데 내용이 중복된다. 원래 각 장이 하나의 강의다 보니 어쩔 수가 없다. 너그러운 양해 바랄 따름이다.

참 고 문 헌

강영안.『타인의 얼굴』. 문학과지성사, 2005.

고든 카우프만/기독교통합학문연구소 역.『신학 방법론』. 한들, 1999.

김진혁.『신학공부/하나님과 세계』. 예책, 2017.

김훈.『밥벌이의 지겨움』. 생각의 나무, 2003.

니코스 카잔차키스/오상빈 역.『위대한 성자 프란체스코』. 애플북스, 2007.

로저 월시/김명권·문일경·백지연 역.『7가지행복명상법』. 김영사, 2007.

리처드 J. 레인/곽상순 역.『장 보드리야르』. 앨피, 2008.

리처드 마우/홍병룡 역.『무례한 기독교』. IVP, 2004.

마커스 보그/김기석 역.『예수 새로 보기』. 한국신학연구소, 1997.

마커스 보그/김준우 역.『기독교의 심장』. 한국기독교연구소, 2009.

메이슨 커리/강주헌 역.『리추얼』. 책 읽는 수요일, 2014.

박노자.『박노자의 만감일기』. 인물과 사상사, 2008.

박만.『현대신학이야기』. 살림지식총서067. 살림, 2004.

박현.『불교수행요론』. 바나리, 2001.

사이몬 찬/김병오 역.『영성신학』. IVP, 2002.

알리스터 맥그래스/김기철 역.『신학이란 무엇인가』. 복 있는 사람, 2014.

어반 홈즈/홍순원 역.『그리스도교 영성의 역사』. 대한기독교서회, 2013.

에바 일루즈/김희상 역.『사랑은 왜 아픈가』. 돌베개, 2013.

예수의 데레사/서울 가르멜 여자수도원 역.『천주 자비의 글』. 분도출판사, 1983.

오강남.『또 다른 예수』. 예담, 2009.

오세라비.『그 페미니즘은 틀렸다』. 좁쌀한알, 2018.

올더스 헉슬리/조옥경 역.『영원의 철학』. 김영사, 2014.

월터 윙크/박만 역.『사탄의 가면을 벗겨라』. 한국기독교연구소, 2005.

윤가현.『성, 그 억압과 진보의 역사』. 살림지식총서223. 살림, 2006.

이냐시오 로욜라/윤양석 역.『성 이냐시오의 영신수련』. 한국 천주교 중앙협의회, 1967.

장 폴 사르트르/박정태 역.『지식인을 위한 변명』. 이학사, 2007.

정여울.『헤세로 가는 길』. 아르테, 2015.

조나단 에드워즈/서문강 역.『신앙과 정서』개정역판. 지평서원, 2009.

켄 윌버/김훈 역.『켄 윌버, 진실 없는 진실의 시대』. 김영사, 2017.

켄 윌버/김명권·민회준 역.『모든 것의 이론』. 학지사, 2015.

켄 윌버/김명권·민회준 역.『켄 윌버의 일기』. 학지사, 2010.

켄 윌버/김철수·조옥경 역.『아이오브스피릿』. 학지사, 2015.

켄 윌버/조옥경 역.『통합심리학』. 학지사, 2008.

켄 윌버/조효남 역.『감각과 영혼의 만남』. 범양사출판부, 2000.

켄 윌버·잭 잉글러·다니엘 브라운/조효남·안희영 역.『의식의 변용』. 학지사, 2017.

통합유럽연구회.『유럽을 만든 대학들』. 책과 함께, 2015.

테레사 포르카데스 이 빌라/김항섭 역.『여성주의 신학의 선구자들』. 분도출판사, 2018.

테리 이글턴/강주헌 역.『신을 옹호하다』. 모멘토, 2009.

프레데리크 그로 외/심세광 외 역.『미셸 푸코 진실의 용기』. 길, 2006.

파커 팔머/이종태 역.『가르침과 배움의 영성』. IVP, 2009.

폴 니터/정경일·이창엽 역.『붓다 없이 나는 그리스도인일 수 없었다』. 클리어마인드, 2011.

한병철/김남시 역.『권력이란 무엇인가』. 문학과지성사, 2011.

한병철/김태환 역.『시간의 향기』. 문학과지성사, 2013.

후카이 토모아키/홍이표 역.『신학을 다시 묻다』. 비아, 2018.

C. S. 루이스/장경철·이종태 역.『순전한 기독교』. 홍성사, 2001.

Hoffman, Bengt. Luther and the Mystics. Augsburg Press, 1976.

Maas, Robin & O'Donnell, Gabriel. Spiritual Traditions for the Contemporary Church. Abingdon
        Press, 1990.

Murphy, Todd. Sacred Pathways. Kindle edition, 2015.

Freitas, Donna. Sex & The Soul. Oxford University Press, 2010.

http://www.huffingtonpost.kr/bawerk/story_b_15504456.html?utm_id=naver

http://factcheck.snu.ac.kr/documents/120

kr.christianitydaily.com/articles/76495/20131216/김세윤-교수-구원파-이단이라-하면서-사
        실상-구원파적-복음-선포.htm

https://www.countercurrents.org/iraq-barbara220504.htm.